Ausweg?Los!

Chiemgau-Autoren e.V.

© 2023 Chiemgau-Autoren e. V.
Redaktion: Sybille Trapp
Lektorat: Uta Grabmüller
Layout, Coverfoto und Covergestaltung: Reinhold Schneider
Herstellung und Verlag: BoD – Books on Demand, Norderstedt
Gedruckt in Deutschland

Bibliografische Information der Deutschen Nationalbibliothek:
Die Deutsche Nationalbibliothek verzeichnet diese Publikation in der Deutschen Nationalbibliografie; detaillierte bibliografische Daten sind im Internet unter http://dnb.dnb.de abrufbar.
ISBN: 9783758306754

Der Druck dieses Werks erfolgte mit freundlicher Unterstützung des Landratsamts Traunstein

Die Kettenglieder auf dem Coverfoto symbolisieren den schmalen Grat zwischen der Ausweglosigkeit und einem möglichen Ausweg aus einer begrenzenden Lebenssituation. Das Orginalfoto zeigt einen Ausschnitt aus einer Absperrkette vor dem Flugmuseum in Oberschleißheim im Oktober 2008.

Ausweg?Los!

Herausgeber:
Chiemgau-Autoren e. V.

Inhaltsverzeichnis

Vorwort

Liebe Leserin, lieber Leser,

düstere Meldungen auf allen Medienkanälen überschatten tagtäglich unser Dasein und schalten das Leben von immer mehr Menschen in einen dauerhaften Krisenmodus. Klimakatastrophen, Kriege, Massenmigration, aber auch Spätfolgen der Pandemie und Auswirkungen des Corona-Lockdowns besonders auf junge Menschen sowie persönliche Krisen werden zunehmend als ernsthafte Existenzbedrohung empfunden, aus der es für viele keinen Ausweg zu geben scheint.

In dieser Stimmungslage kam es bei einem Treffen der Chiemgau-Autorinnen und -Autoren im vergangenen Jahr spontan zu einer lebhaften Diskussion über die Auseinandersetzung mit den aktuellen Krisen. Vor allem die Frage der Ausweglosigkeit bewegte die Gemüter. Dieser Frage sollte in der Folge weiter nachgegangen werden, und zwar in Texten für den mittlerweile sechsten Band der 2018 begonnenen Anthologie-Reihe der Chiemgau-Autoren. Das Thema lautete: „ausweg?los!" – ein Literaturprojekt angesichts vieler Krisen und der Chance auf Hoffnung.

In den ersten drei Monaten dieses Jahres verfassten 32 Autorinnen und Autoren über 60 Gedichte, Kurzgeschichten und Prosaminiaturen, zum Teil in Mundart. Zwei Arbeitstreffen, die Möglichkeiten zum gegenseitigen Austausch und zum gemeinsamen Schreiben boten, begleiteten den Schreibprozess. Die Texte finden Sie in diesem Band in vier Kapiteln unterteilt:

Bist du noch zu retten, Erde?

Verschwindet die dunkle Wolke vor meinem Fenster?

Kann eine einzelne Kerze so viel Licht geben?

Warum stehst du nicht auf? Los!

Im Namen des Vereins der Chiemgau-Autoren e.V. wünsche ich Ihnen eine mutmachende Lektüre. Entdecken Sie, welche die Chancen in Krisen stecken können.

Sybille Trapp, September 2023

Prolog

Uta Grabmüller

Nur Buchstaben

A
hnung
ngst
bwarten

U
nsicherheit
ngewissheit
nüberlegtheit

S
icherheit
turheit
tillhalten

W
iderstand
agnis
eisheit

E
ndzeitstimmung
inigung
rderwärmung

G
ewissen
leichgültigkeit
efahr

L
ässigkeit
ethargie
oslassen

O
hnmacht
pfer
ptimismus

S
tabilität
elbstzufriedenheit
orge

Bist du noch zu retten, Erde?

Summa

Tania Reinmutt

Am Gipfel liegen im Gras.
Nach dem Aufstieg
und einer zünftigen Brotzeit
blüht uns ein Schläfchen in der Sonne, ja bitte!

Um uns rum
summt's.
Am Arm
kribbelt's.
Vorm Ohr
saust's.

Schwebfliegen sind meine neuen Freundinnen.
Die dürfen das.

Irre! Früher
hab ich breitformatige Fotogemälde geschossen
von Bergsilhouetten

und unseren höhentrunkenen Gesichtern
vor Bergsilhouetten.

Heute
hab ich am Abend 100 Bilder von
heißem Hummel am Eisenhut,
köstlichem Blutstropf am Knöterich,
famosem Skarabae am Skabios.

So viel Leben.

Kratz dich nicht! Schlag nicht um dich!
So winzig nämlich
können Fliegen sein.
Ich mag nicht mehr glauben, dass
ich so wichtig bin
oder so groß die Frage, was mich juckt.

Silbrige Purzelkäfer übrigens
haben allzeit freie Fahrt
auf meinem schweißdurchtränkten Hut aus Stroh.

Widerstandsfähig gegen die Kälte

Anni Stiegler

Auf meinem Schreibtisch sammle ich die Gedankenschnipsel. Wo fange ich an?

Buchstabe für Buchstabe schwindet meine Kraft.

Worüber soll ich schreiben? Erdbeben, Armut, Wasserknappheit, der globale Klimawandel, Kriege, Hungersnöte, jeden Tag verschwinden einhundertfünfzig Tier- und Pflanzenarten für immer von unserem Planeten. Rückrufe von Lebensmitteln, Fleischskandale, Misshandlung von Tier und Mensch. Über dreihundert synthetische Chemikalien können im menschlichen Körper nachgewiesen werden. Alles schreit zum Himmel, und mir fehlen die Worte. Das wahre Elend, schwarz auf weiß, ist nicht auszuhalten. Ich schreibe nicht, ich grüble nur.

Meine Trostlosigkeit mag ich niemandem zumuten.

Mit Worten, die besonnen klingen, rede ich vorbei an meinen Gefühlen. Ich schaue aus dem Fenster. Die Nachbarin bedeutet mir, ich soll herauskommen. Ja, ich mag den Sturm, der die Schneeflocken über das Feld jagt, der mich erbarmungslos durchschüttelt, widerstandsfähig macht gegen die Kälte.

Unsa Wäiid

Robert X. Gapp

S Gäiid regierd hoid unsa Wäiid,
grod as Ego und de Gier ebbs zäiid.
Leem doa ma mia in Saus und Braus,
andane hoiddns vor Noud ned aus.

Koa Vogl singd boid mehr sei Liad,
auf da Wiesn kaam no a Bleame bliad.
De Baam stehngan – dürr und stumm,
da naachst Sturm, dea schmeißds ge um.

De Natur reiwa ma so unscheniert aus,
bis daass s mid da Menschheit is s gent aus.
Aa aufn Friedn trampen mia umanand
und geem an Kriag so gern de Hand.

Wo weads ge woi higeh, unsa Wäiid?
Ebba dorthi, wo ebbs andas zäiid?

Der Wachtelkönig

Gudrun Bielenski

Die Familie Schmittlein – das sind Papa, Mama, der zwölfjährige Sohn Hannes, und die zehnjährige Tochter Lena – sitzt beim Mittagessen und löffelt Pfannkuchensuppe.

„Und was gibt's Neus von deiner Schul?", will Papa von Lena wissen.

„Kennst du den Wachtelkönig?", fragt sie ihn.

Er schüttelt den Kopf. „Ich kenn nur die Spinodwachtl." Er deutet auf Mama und grinst. Hannes ergreift sofort Partei für seine Mama: „Papa, du bist voll gemein."

Mama guckt kurz von ihrem Suppenteller auf und sagt: „Ich bin weder alt noch schrullig wie die Spinodwachtln, also was soll des."

Lena nickt. „Und außerdem ist das ein Schimpfwort," pflichtet sie ihrer Mama bei.

„No ja, wor doch bloß a Scherz." Papa zuckt mit den Schultern. „Abber Lena, wos is etz a Wachtlkönig?"

Lena guckt in die Runde: „Ein Vogel, nie gehört?"

„Nö, keine Ahnung", sagt Hannes.

„Also, der Wachtelkönig ist nur 25 Zentimeter groß und 150 Gramm schwer."

„Wie a Amsel", stellt Papa fachmännisch fest.

„Aber er singt nicht so schön, er macht nur: crex, crex."

„Lustig," stellt Hannes fest, „und wos machd der noch so?"

Lena grinst. „Fliegen, was sonst."

„Scho klor, abber wohi?" fragt Papa.

„Im Winter bis nach Afrika," erklärt Lena.

„Der hods gud, do mechd ich a hi im Winter," sagt Mama.

Lena verdreht genervt die Augen. „Und Ende Mai kommt er wieder zurück."

„Subber," findet Papa. „Und dann?"

„Dann beginnt die Brutzeit, und er brütet nur im hohen Gras. Aber das Problem ist …". Sie guckt in die Runde.

„Etz mach's halt ned so spannend," sagt Mama.

Lena holt tief Luft: „Dass da die meisten Wiesen schon abgemäht sind."

„Verstehe", sagt Hannes, „sie hamm kaan Platz mehr zum Brüten, also kaan Lebensraum mehr bei uns."

„Genau, diese Vögel sind vom Aussterben bedroht, wie die Feldlerchen und alle Wiesenbrüter. In den letzten vierzig Jahren ist bei uns die Hälfte aller Vögel ausgestorben."

„Schrecklich", findet Mama.

„Und wos machma do etz?", fragt Papa.

„Die Bauern dürfen nicht mehr so früh und so häufig mähen," ruft Lena entrüstet.

„Und außerdem kommt zu viel Kunstdünger und Insektenschutzmittel auf die Felder. Daran sterben die Vögel, Insekten und Kleinstlebewesen. Sie schluckt und sagt leise: „Und vielleicht auch wir, irgendwann."

Alle gucken jetzt ganz betroffen.

Plötzlich sagt Mama: „Ich hob a Idee. Do gibt's doch den Naturschutzverein. Der kümmert sich um sowos."

Sie holt den Laptop und googelt: Naturschutzverein. Und geht auf Mitgliedschaft.

„Also wie wär's mit uns? Wollt ihr?"

Alle nicken. Kurze Zeit später kommt bereits die Antwort.

„Herzlichen Dank für Ihre Familienmitgliedschaft beim Naturschutzverein."
Ein einfacher Weg. Ein Ausweg?

Beispiel Tageszeitung

Uta Grabmüller

Die Wochenend-Ausgabe der Tageszeitung ist 500 g schwer. 500 g! Und die ganze Auflage beträgt etwa 300 000 Zeitungen täglich! Wie viele Bäume gingen dafür drauf?

Der Gedanke hat mir meine schöne Zeitungslektüre versaut. Eine gemütliche Stunde hatte ich damit verbracht, 300 g Zeitung gründlich zu lesen. Die 300 g brachten mir Neues, Schlaues, Schwieriges, Interessantes, Witziges, auch schwer Verständliches. 300 g Wichtiges, sauber Strukturiertes, gut Recherchiertes, flüssig Formuliertes. Auch mit erfreulichen Überraschungen.

Aber: Papier? Schön und gut, das mit den nachwachsenden Rohstoffen. Aber der Energie-Verbrauch, die Emissionen, die CO_2-Bilanz! Muss das sein: Papier?!

Ja schon, sage ich. Es raschelt so schön. Und man kann es sauber in der Mitte falten. So wie früher die Männer ihre Bügelfalten ihrer Anzughosen sauber glattgezogen haben. Dann fühlt sich die ganze Zeitung höflich behandelt. Das sieht ordentlich aus. Es gibt aber Leute, die zerknittern die Zeitung beim Lesen fürchterlich und kriegen die Seiten nicht ordentlich übereinander. Da hast du dann ein riesiges Papierknäuel. Nicht mehr brauchbar.

Aber ich brauche ja die Zeitung noch. Um die nassen Schuhe drauf zu stellen. Und als Makulatur-Papier beim Drucken der Holzschnitte. Und für die Kleisterarbeiten beim Buchbinden geht ja auch immer viel Papier drauf. Ohne geht's gar nicht. Außerdem: Zum Einpacken der Reste von der Räuchermakrele ist Papier sehr nützlich. Und will ich nicht die Feuilleton-Seite für Herrn Dr. Huber aufheben? Der streitet doch immer so gern mit dem Literaturkritiker. Und der Sport? Den kriegt die alte Frau Meier. Die sucht auf den Bildern gerne ihre Enkelkinder unter den Fußballern.

Aber – das Beste an der analogen Zeitung ist ja genau das Papierknäuel, das übrigbleibt und immer größer wird, wenn ein Dreijähriges die Süddeutsche „liest". Und wenn erst sieben Dreijährige bei einem Kindergeburtstag selig-schreiend damit beschäftigt sind, die Tageszeitungen einer Woche in „Schneebälle" zusammenzudrücken und sich eine Zimmerschlacht zu liefern, dann hast du eine Stunde deine Ruhe …. Und am Ende gibt's im Garten mit dem Papier ein schönes Feuerchen. Dazu die Holzscheite vom gefällten Pflaumenbaum. Da schmeckt das Stockbrot dann allen.

Aber: o weh – die Ökobilanz! Ein Dilemma. Die Zeitung am Handy zu lesen, ist wahrscheinlich besser. Außerdem wiegt es nur 120 g. Gibt es einen Ausweg aus dem Dilemma? Ich weiß es nicht.

200 g Zeitung liegen vor mir. Los jetzt, ich will sie noch schnell lesen.

Der Wunsch

Dagny Reichert

Sohn: Mama, das ist ein Strafbefehl – über 3700 €! Bist du verrückt geworden? Das geht doch nicht! War es das wert?

Mutter: Das war es. Ja und nochmal ja. Sonst würde ich sowas nicht machen.

Sohn: Du kannst mir nicht erzählen, dass die gerade auf DICH gewartet hätten! Es geht doch auch ohne deine Beteiligung! Wovon willst du das bezahlen? Ich versteh dich nicht!

Mutter: Schrei mich nicht an. Ich bin müde.

Sohn: Entschuldigung. Ich möchte es ja nur verstehen. Also bitte: Warum?

Mutter: Die Sache duldet einfach keinen Aufschub mehr. Die Katastrophe ist doch schon da. Wenn nicht jetzt, wann dann?

Sohn: Mama, man kann seine Meinung auch anders kundtun. Es ist kalt. Es regnet. Und du klebst dich auf der Straße fest. In deinem Alter! Du kannst dir weiß Gott was holen!

Mutter: Unsinn! Mein Immunsystem ist vermutlich resilienter als deins!

Sohn: Aha. Und was machst du, wenn so ein Autofahrer mal ausrastet und auf dich losgeht? Hast du gar keine Angst?

Mutter: Doch, hab' ich. Angenehm ist so was nicht. Und auf die Übernachtung in der Untersuchungshaft hätte ich auch verzichten können. Ich tu das für dich, mein Junge, weil du derjenige bist, der ausbaden muss, was meine Generation verbockt hat. Ich steh' für das gerade, was ich angerichtet habe.

Sohn: Aber Mama, du hast doch nichts angerichtet!

Mutter: Soll ich dir jetzt eine Liste schreiben?

Sohn: Nenn mir nur einen Punkt!

Mutter: Gut. Die vielen Wochenendflüge von Düsseldorf nach München in der Zeit, wo ich dort gearbeitet habe, zum Beispiel?

Sohn: Wir waren ja noch klein. Wir haben dich gebraucht. Das war wichtig.

Mutter: Ich hätte die Bahn nehmen können. Da wäre ich auch nicht viel später zuhause gewesen. Aber ich bin geflogen, einfach deshalb, weil mein Arbeitgeber die Flüge gezahlt hat. Es war bequem.

Sohn: Diese Selbstvorwürfe sind absurd! Vor 15 Jahren gab es doch noch gar kein Bewusstsein für die Umweltschädlichkeit von Flügen!

Mutter: Wie bitte?

Sohn: Wenn du meinst, was gutmachen zu müssen, schaff z.B. deinen uralten Diesel ab! So kannst du auch was tun! Du musst dich nicht auf die Straße kleben!

Mutter: Und wie soll ich dann zur Arbeit kommen? Du hast leicht reden. Das Auto muss noch bis zur Rente durchhalten. Danach kann es gerne weg.

Sohn: Nein, das lasse ich nicht gelten. Wenn du's ernst meinst, warum noch warten? Mit den 3700 € hättest du z.B. schon mal X Car-Sharing-Fahrten machen können. Am Bahnhof stehen dafür E-Autos. App runterladen, einsteigen, losfahren. Und Versicherung und Steuer hättest du auch gespart. Hast du das mal durchgerechnet?

Mutter: Natürlich! Für wen hältst du mich? Ich lebe doch nicht auf dem Mond! Hab mir sogar zeigen lassen, wie das alles funktioniert und bin so ein E-Auto auch schon gefahren. Aber für täglich ist das nichts. Wirklich zu teuer. Um die Sache abzukürzen, mein Junge: Ich habe einen Wassersparduschkopf angeschafft, heize nur auf max. 20°C und schmeiße die Waschmaschine erst an, wenn sie voll ist. Sonst noch was? Man merkt, dass du länger nicht mehr da warst.

Sohn: Ich mein ja nur… tut mir leid.

Mutter: Ich weiß, du machst dir Sorgen. Aber, mein Junge, es geht nun mal nicht nur ums Geld. Und es reicht nicht, wenn nur ICH etwas tue. JEDER ist hier gefragt. Die Menschen müssen das begreifen! Lieber heute als morgen! Jetzt! Sofort! Ist dir denn egal, in welcher Welt du lebst?

Sohn: Nein, natürlich nicht!

Mutter: Deine Generation wird neben der Häufung von Naturkatastrophen z.B. massive Probleme mit dem Trinkwasser bekommen. Es wird sich Krise an Krise reihen. Wir haben noch max. zehn Jahre Zeit, um die Richtung zu ändern.

Gelingt bis dahin kein Wandel, solltest du dir gut überlegen, ob du noch Kinder in die Welt setzt.

Sohn: Oh Mama! Das ist doch alles bekannt! Jeder weiß das!

Mutter: Aha. Und? Wie sehen deine Konsequenzen daraus aus? Gibt's bei dir überhaupt welche?

Sohn: Oh nein! Für diese Art von Diskussion bin ich wirklich nicht hergekommen, Mama.

Mutter: Ah, so! Für welche Art dann?

Sohn: Ich mach dir einen Vorschlag: Du versprichst mir, in Zukunft auf andere Weise zu protestieren, und ich zahl dir den Strafbefehl. So, und jetzt lass uns von etwas anderem reden.

Mutter: Du sprichst mit mir wie mit einem kleinen Kind.

Sohn: Wenn du dich wie ein kleines Kind benimmst?

Mutter: Tue ich das?

Sohn: Mama, lass gut sein. Ich wollte nicht ...

Mutter: Wozu hab' ich dich studieren lassen? Wozu?

Sohn: Komm, Mama. Frieden! Wirklich! Ich wollte dir nicht wehtun. – Was wünschst du dir denn zu deinem Geburtstag? Ist ja nicht mehr lang hin.

Mutter: Kannst du dir das nicht denken?

Sohn: Nicht so unbedingt. Zeit vielleicht? Sollen wir zusammen ein paar Tage verreisen?

Mutter: Ja, das wäre schön.

Sohn: Und wo würdest du gern hinfahren? Wie wär's mit Lissabon? Da gibt's so viel zu entdecken! Oder willst du lieber in den Norden: Stockholm ist auch eine spannende Stadt.

Mutter: Wir müssen gar nicht so weit, Daniel. Komm einfach mit, wenn wir die nächste Aktion starten. Tut auch gar nicht weh. Die Polizei hat prima Lösungsmittel!

Sohn: MA-MA!!!!

Ich liebe Butter

MaxSy Multerer

Ich liebe Butter! Sie ist so wunderbar rahmig und schmilzt auf meiner Zunge, durchflutet mich mit Glück, wenn sie auf meine Geschmacksknospen trifft. Am liebsten habe ich Butter, wenn sie bereits geschmolzen ist – und sich in der Pfanne um ein Schnitzel schmiegt. Ein Schnitzel von einem Schwein, das ich selbst großgezogen habe. Meine Schweine bekommen nur das beste Futter. Ich will ja, dass es ihnen in ihrem kurzen Leben gut geht. Und für meine Familie und mich möchte ich auch nur das Beste.

Heute ist monatliches Stammtischtreffen. Diese Treffen sind uns heilig. Seit jeder Frau und Kinder hat, ist die Freizeit kostbar geworden. Und nur deshalb sitze ich noch hier. Und weil mein Essen gerade serviert wird.

Ich schneide mir ein Stück vom Schnitzel ab und stecke es mir in den Mund. Genüsslich kaue ich und erfreue mich an dieser Geschmacksexplosion.

Ich lächle mein Gegenüber an. Der versucht gar nicht erst, seine Abneigung gegen mein Essen zu verbergen. Aber die Worte stecken ihm im Hals fest. Endlich.

Er hat Schnappatmung. Es ist mir egal.

Matze hat ihn mitgebracht. Keiner von uns kennt ihn. Ist zugezogen. Und nun endlich verstummt. Genau siebenundzwanzig Minuten lang hat er geredet. Er ist Veganer auf Missionstour. Blöd in einem Dorf voller Bauernhöfe.

Jetzt ist endlich Ruhe. Ich genieße jeden Bissen meines provozierenden Schnitzels und er sein veganes Risotto, das ihm unser Küchenchef extra zubereitet hat.

Hoffnung für die Menschheit?

Sepp Obermüller

Durch eine dichte Nebelwand
mit einem Ziel, das unbekannt,
fährt die Menschheit auf einem Boot,
schlingernd von Untergang bedroht.

Wo ist der Leuchtturm, der weist den Weg?
Wo ist das Ufer, der Rettungssteg?
Wer hat den Kompass, der zeigt die Richtung,
der aus dem Nebel führt zu einer Lichtung?

O, höret nun der Menschheit Klage:
Wie kamen wir in diese Lage?
Berauschet von des Bösen Quelle
schufen wir uns selbst die Hölle.

In unsren Tagen sich entscheidet,
ob den Untergang der Mensch erleidet.

De Wäid wead anderscht

Georg Berghammer

De Wäid wead anderscht – i ko des schbian.
I brauch im Winter nimma frian.
De Jahreszeit`n dean si voschiam,
weil scho im Jänner Boimkatzl bliahn.

De Wäid wead anderscht. Raket`n fliang,
weil Diktatorn blos Kriag no führ`n.
Üba de Hoamad dean's Bluad voschmian,
des Wördal Fried'n woin's ned kapiern.

De Wäid wead anderscht. Mensch und Natur
san gor scho äwig neba da Schbur.
Koa Middananda, koa Hand in Hand,
blos gengrananda, des is a Schand.

De Wäid wead anderscht. I hob des Gfui,
daß koa Regierung den Zuschdand ändan wui.
Drum, liabe Leidl, hoid ma do zamm,
daß mia a moing no a Freid am Leb`n ham.

Nordsee

Gudrun Bielenski

Wat is los im Watt
Ebbe- Strandläufer picken
Schlick im Sonnenglanz

Das Strandgras zittert
Die dunkle See bäumt sich auf
Möwenflug im Sturm

Wellen rollen an
Schaumkrönchen tanzen am Strand
Der Wind bläst sie weg

Kalter Nordostwind
Sand wie Nadeln auf der Haut
Mütze ins Gesicht

Rotes Kliff auf Sylt
Sanddünen – Spiel der Natur
Sturmflut kommt wieder

Leere Strandkörbe
Blau und weiß starren mich an
Die Fahne knattert

Der dunkle Schatten
Ein Vogelschwarm am Himmel
Schwingt sich hoch und tief

Sonnenuntergang
Roter Ball versinkt im Meer
Göttliches Schauspiel

Das Leuchtfeuer weist
Dem Schiff im Nebel den Weg
Und wem vertraust du

Polkappen schmelzen
Sie stürzen ins Wasser – der
Meeresspiegel steigt

Die schönen Inseln
Wann werden sie verschwinden
Trauer um Trauer

Doch es gibt Hoffnung
Mensch, noch ist es nicht zu spät
Wir können handeln

Countdown?

Sonett – inspiriert von Mojib Latif*

Sybille Trapp

Gibt's keine Rettung mehr in diesen dunklen Zeiten?
Die Flüsse trocknen aus, die Wälder brennen ab.
Fatale Fluten reißen alles mit hinab.
Ein drohend nahes Phänomen in unsren Breiten.

Worauf denn warten wir jetzt noch anstatt zu handeln?
Wo unsre Welt doch längst am tiefsten Abgrund steht.
Es ist schon fünf nach zwölf und zu viel Zeit vergeht!
Der Umgang mit der Erde muss sich schnellstens wandeln!

An optimistischen Signalen fehlt es nicht –
In dichten Abgaswolken zwar ein schwaches Licht.
Es ist noch nicht zu spät, das Schlimmste abzuwenden.

Vor allem positives Denken, Mut, Verzicht,
Innovationen, auf Probleme neue Sicht,
Entschlossenheit: All das kann neue Hoffnung spenden.

*Mojib Latif: renommierter Meteorologe, Ozeanograf und Klimaforscher, Verfasser des Buchs "Countdown: Unsere Zeit läuft ab – was wir der Klimakatastrophe noch entgegensetzen können" (Freiburg 2022)

Laasd dschenarejschn

Michael Schorr

Ojso, afan Picasso Keddschabb schmaißn,
des hojdti schoo fiaraweng, wia sojdi song …
ojso des is fia mi need da richdige Weeg.
Waia soa Picasso …
Oukej, i voschdäh nix vo Kunnsd,
des gibi zua.

Naa, i mechd song,
ma deaf a so wos ned vahormloosn.

Obwoj, es is jo ned soo,
dass de Graddla glai midan Leopaad driwafohrn oda so.
Naa, es is bloosa Keddsschabb, zuagem.
Oba, Laid, wos hoasd do bloos?
Hobds ees schoamoj soan Keddschabbfleeg wegbuddzd?
Des is a Sauoawad.
Und gons weggad griagsdn nia.

Und iewahabds, wea zojd des, haa?
Da Schdaiazoja!
Ojso ie.

Und fia woos, des Gonze?
Daas da Sööda noo narrischa wead?
Wai deem is de Kujtua agradtaso wichdig
ojswia insa Umwejd, wiara jäda woas.

Ojso, Laid, i sogs wias ies,
ie peaseenlich, i moan:
Keddschabb is da fojsche Weeg.

I daad Mayo nehma.

Mut

Gudrun Bielenski

Ich liege in meinen Schlafsack und blicke in den Himmel. Unendlich viele Sterne glitzern über mir. Der harte, kalte Boden auf der 125 Meter hohen Ölplattform ist mein Nachtlager seit vier Nächten. Ich bin dem Sturm, dem Regen und vor allem der Kälte ausgesetzt. Ungemütlich. Das Frieren ist mein ständiger Begleiter. Ich gucke hinüber zu Laura, die, völlig eingemummelt, tief schläft. Sie kommt aus England und hat als erste zusammen mit Andrew aus Amerika diese irrsinnig hohe Ölplattform erklommen. Sie ist eine wahre Kletterkünstlerin. Aber warum wir uns hier oben den Hintern abfrieren und uns das alles antun, will ich euch erklären.

Der Konzern Shell, allen wohlbekannt, will in der Nordsee acht weitere Bohrlöcher ausbeuten mit dieser Ölplattform, auf der wir gerade mitfahren. Das heißt, er würde durch seine Ölförderung bis zum Jahr 2044 bis zu 45 Millionen Tonnen CO2 ausstoßen, laut Greenpeace. Das wäre mehr, als Norwegen in einem Jahr emittiert.

Und zusätzlich Milliardengewinne machen und keinen Cent für seine gigantische Umweltverschmutzung bezahlen. Das ist unerhört! Denn die Erderwärmung steigt und steigt. Können unsere Nachkommen den Planeten überhaupt noch bewohnen?

Deshalb beschlossen wir, zehn junge Menschen aus zehn verschiedenen Nationen, dagegen zu protestieren, natürlich friedlich, indem wir diese Ölplattform besetzen. Und das ging so.

Mit Schlauchbooten unserer Umweltorganisation wurden wir an den chinesischen Frachter gebracht, der das riesige Monster von Shell in die Nordsee transportieren soll. Der Frachter passierte gerade den Atlantik nördlich der Kanaren, als wir ihn enterten. Genauer gesagt, kletterten wir unter Einsatz unseres Lebens auf die Ölpattform mit Seil, Karabinern und Haken die 125 Meter hohe Stahlwand hinauf.

Vier waren schon oben, als ich an die Reihe kam. Wäre mein Adrenalinpegel nicht so hoch gewesen, ich hätte es nicht geschafft. An deine Angst darfst du da nicht denken. Auch wenn die Beine immer wieder an die Stahlwand knallen, die Hände fast abfrieren, du musst einfach weiterklettern. Andrew und Laura zogen mich schließlich über die Brüstung. Endlich spürte ich wieder festen Boden unter meinen Füßen, in 125 Metern Höhe. Wow, der Wahnsinn. Könnt ihr euch das vorstellen?

Nach mir schafften es noch drei andere aus unserer Gruppe. Zwei, auch sehr versierte Kletterer von uns, mussten leider abbrechen. Sie fuhren dann auf dem Begleitschiff mit.

Übrigens, ich heiße Ronja, bin fünfundzwanzig Jahre alt, Klimaaktivistin, und komme aus Deutschland.

Wir werden hier oben mindestens zehn Tage, vielleicht aber noch mehr bleiben, wenn alles gut geht. Damit wollen wir weltweit das Medienecho auf uns ziehen, um so den Druck auf Shell zu erhöhen, endlich für seine gigantische Umweltverschmutzung zu bezahlen und endlich mit der Ölförderung aufzuhören, die nicht mehr zeitgemäß ist.

Deshalb sind wir ausgerüstet mit der notwendigen Verpflegung, Schwimmwesten, Regenbekleidung. Eine Satellitenschüssel haben wir hier auch an Bord, aber nicht zum Netflixgucken, wie ihr vielleicht denken könntet. Sondern um die Aktion zu dokumentieren und um unsere Filme, Videos, Bilder in der Welt zu verbreiten. Wir müssen auch an Bord miteinander per Funk kommunizieren können. Ein Windrad haben wir hier auch montiert. Wir brauchen nämlich Strom, um unsere Handys und Akkus aufzuladen.

Wie wir das alles bezahlen? Zum Glück bekommen wir Spenden von Menschen, die unsere Aktion wichtig und mutig finden.

Unser Team ist inzwischen schon gut eingespielt. Jeder hat seine Aufgabenbereiche. Aber an die Kälte und den ständigen Wind kann man sich nicht gewöhnen. Schließlich ist es erst Februar. Im Sommer wäre es mir lieber gewesen. Das könnt ihr mir glauben.

Und noch etwas nervt total. Das ist der Kapitän da unten auf dem Frachter. Der das Ganze bewegt. Ständig ruft er in sein Megaphon hinein: „Im Namen von Shell: Verschwindet endlich. Ihr stört unsere Geschäfte. Wir holen die Polizei." Ein Hubschrauber ist auch schon über uns gekreist. Doch trotz Warnungen und Drohungen schaffen sie es nicht, unseren friedlichen Protest zu beenden. Eine einstweilige Verfügung wurde gestoppt. Wir machen weiter.

Nachtrag: Ihr wollt sicher wissen, wie es ausgegangen ist. Wir verbrachten tatsächlich 13 Tage auf der Ölplattform und waren alle glücklich, es geschafft zu haben. Insgesamt legten wir 4000 Kilometer auf dem offenen Meer zurück.

Und zum Schluss kam noch das Tollste. Wir stiegen auf den Fackelturm und hissten unser Banner mit der Aufschrift: STOPP DRILLING START PAYING (Hört auf zu bohren, zahlt endlich).

Diese Geschichte beruht auf einer wahren Begebenheit im Winter 2023. Hat sie die Welt verändert? Oder wenigstens zum Nachdenken gebracht?

Irrgarten der letzten Chance

Georg Berghammer

Er breitet sich aus in zahllosen Linien, der Irrgarten der letzten Chance. Von oben betrachtet, hoch über den Chiemgauer Alpen, erscheint dieses Mysterium winzig klein. Doch ist darin die Menschheit als Schicksalsgemeinschaft gefangen. Unzählige Gassen und Pfade scheinen ins Nichts zu führen. Wo nur ist der Wendepunkt im Dschungel der Orientierungslosigkeit?

Niemand kennt den Weg hin zum Paradies. Liegt es hinter dem Horizont? Oder ist es unerreichbar nah? Das Hindernisrennen gegen die Zeit beginnt.

Es brodelt im Schmelztiegel auf verbrannter Erde. Hektisch umherrennende Menschlinge behindern sich gegenseitig. Vermeintliche Lichtgestalten und so manche zwielichtigen Figuren kämpfen um das nackte Überleben. Im Irrgarten der verlorenen Träume machen sich Panik, Angst und Verzweiflung breit. Hilflos wirkende Kreaturen geistern wie blinde Passagiere durch den immer knapper werdenden Erdenraum. Immer noch getrieben von der Gier nach Reichtum, Macht und Geld.

Die Wohlfühloase, wo Milch und Honig fließen, ist nicht mal mehr als Fata Morgana erkennbar. Das kostbarste Gut sind nicht Gold und Edelsteine. Jeder

Tropfen Wasser ist um so vieles mehr wert. Ein kleines Rinnsal nur verschwindet im versiegelten Untergrund.

Unbarmherzig zeigt die einstmals so geliebte Sonne ihr verbranntes Gesicht. Es hat sich zu einer hässlichen Fratze gewandelt. Temperaturen erreichen im Rekordtempo ihren Siedepunkt. Ausgetrocknete, öde und steppenähnliche Landschaften breiten sich aus. Einstmals schattenspendende Wälder gleichen einem Feuerring.

Wo sind sie nur geblieben, die ehemaligen Wohlfühloasen? Die Antworten haben sich allesamt in einem monströsen Mühlenrad verzettelt, das immer wieder zum Stillstand kommt. Das Hamsterrad der Bürokratie, flankiert mit leeren Versprechungen, versperrt jegliches Weiterkommen. Auf den Straßen der unstillbaren Sehnsucht nach Freiheit, Spaß und Abenteuer wachsen Hinterlassenschaften der wohlstandsverwöhnten Menschlinge zu immer höher werdenden Müllbergen. Hilfeschreie der Natur, die von akuten Müllerstickungsanfällen bedroht wird, werden mit einer nicht zu überbietenden Gleichgültigkeit ignoriert.

Der altbewährte, kaum mehr sichtbare Pfad der Tugend bleibt unbeachtet.

Doch verbirgt sich darin ein offenes Geheimnis. Ein heller Lichtstrahl weist auf längst vergessene Botschaften hin. Verantwortung, Vernunft und Vertrauen sind die wegweisenden Helfer aus dem Irrgarten. Mit unerschütterlichem Glauben an eine bessere Welt gelangen wagemutige Hoffnungsträger am schicksalsträchtigen seidenen Faden zum einzig richtigen Ausweg, der mit vielen Fragezeichen in die Zukunft zeigt. Mit vereinter Kraft gelingt es ihnen, das immer kleiner werdende Zeitfenster wieder zu öffnen. Jetzt ist es allen Menschlingen sternenklar: „Wir müssen die Welt retten. Nutzen wir die letzte Chance."

Die Hoffnung stirbt zuletzt – eine Vision

Dagny Reichert, Michael Schorr

Die Schleuse öffnete sich mit einem leisen Zischen.

„Here we are. I hope you enjoyed your flight." Die Gestalt im Raumanzug übergab dem alten Mann einen grasgrünen Overall. „Put it on!" befahl sie – und ließ ihn allein. Er hatte das Gesicht der Person nicht erkennen können, lediglich in ein verspiegeltes Visier geschaut, aus dem ihm aber nur ein Zerrbild seiner selbst mit angsterfüllten Augen entgegenblickte. Man hatte ihn gekidnappt. Wozu?

Er war müde. Ihn fröstelte. Widerwillig faltete er das Kleidungsstück auseinander und schlüpfte dann letztendlich doch mühsam hinein. Was sollte das alles?

Im nächsten Moment öffnete sich eine weitere Schleuse und gab den Blick frei auf zwei Männer, ebenfalls in grünen Overalls. Sie widmeten ihre Aufmerksamkeit einem riesigen Flatscreen, auf dem grauenerregende Bilder eines verwüsteten Planeten zu sehen waren. Als er auf sie zutrat und sich höflich räusperte, wandten die beiden ihre Köpfe und starrten ihn an. „Shit", dachte er und in seinem Magen brandete eine Welle von Übelkeit. Der alte Mann kannte die zwei nur zu gut. Seine Widersacher aus Ost und Fernost. Sie waren fast so betagt wie er und ebenso mächtig. Und jetzt wohl ebenso ohnmächtig? Ihn schauderte. Ein Zurück gab es nicht mehr. Die Schleuse hatte sich in seinem Rücken längst geschlossen.

Durch einen Einwegspiegel beobachtete die Gestalt im Raumanzug die drei Greise, die sich bald in heftigem Streit ergingen. Sie verfolgte ihre zunehmend feindseliger und gröber werdende Auseinandersetzung mit wachsender Ungeduld.

„Kourou, kommen!", meldete sich endlich eine weiche Stimme in ihrem Helm. „Wie sieht es aus? Irgendwelche Fortschritte?" – „Negativ. Sie ergehen sich in Schuldzuweisungen und sind sich nur in einem Punkt einig: Es handle sich um ein perfides Komplott des jeweils anderen." Sie lauschte. „Nein! Das war bisher alles. Kein Problembewusstsein, kein Lösungsansatz. Sie übernehmen keinerlei Verantwortung. Das Wort Frieden fiel kein einziges Mal."

„Wir haben ihnen die Chance zu einem Ausweg gegeben," klang es schließlich aus dem Helm, „das war der letzte Versuch. Damit tritt Plan B in Kraft." – „Heißt das, ich habe das Go?" – „Korrekt!" – „Roger."

Die Gestalt im Raumanzug betätigte einen Schalter am Steuerpaneel vor sich. Eine Kontrollleuchte wechselte ihre Farbe von Rot auf Grün.

„Feierabend!", flüsterte sie mit einem erleichterten Seufzer. Dann nahm sie ihren Helm ab. Lange, goldblond gelockte Haare flossen auf ihre Schultern. Sie schüttelte ihre verschwenderisch-üppige Mähne, nahm ihre Handtasche und verließ den Kontrollraum. Endlich konnte sie sich umziehen.

Ein Mann empfing sie in der Lobby des Weltraumbahnhofs Kourou und half ihr in den Mantel. Er fragte: „Sicher, dass das unausweichlich war?" – „Ein bisschen Ethik muss sein, auch wenn die Uhr tickt!" – „Wie lange sollen sie jetzt da oben kreiseln?" – „Das haben wir noch nicht festgelegt. Vielleicht tut sich ja noch was. Die Hoffnung stirbt zuletzt." – „Aber wenn in Cape Canaveral, Baikonur oder Wenchang Rettungsaktionen gestartet werden?" – „Das halte ich für unwahrscheinlich. Wir sind auch da vor Ort. Die legen sich nicht an mit unserer Power. Solche Zeiten sind vorbei." Sie lachte und deutete hinaus in den sternübersäten Himmel. „Ist das nicht ein wundervoller Anblick?" – „Du meinst wirklich, ihr Frauen rettet auf diese Weise die Welt?" – „Aber natürlich. Da kannst du deinen knackigen Hintern drauf verwetten. Noch lebt die Hoffnung!" – „Und was habt ihr jetzt mit uns Männern vor? Sind wir noch zu irgendetwas nütze?" – „Aber ja! Jemand muss doch aufräumen. Wiederaufbau und so!" – „Du meinst, wir sollen die Drecksarbeit machen? Ist das alles?"

Die Frau zog einen knallroten Lippenstift aus der Handtasche, schenkte ihm ein bezauberndes Lächeln aus ihren grasgrünen Augen und wandte sich zum Gehen. „Nicht ganz!", hauchte sie über ihre Schulter und warf dem verdutzt dreinblickenden Mann mit feingliedriger Hand einen zarten Kuss zu.

Die deutsche Wüste

Johann Stephl

Ich stehe ganz oben auf einer der Dünen, mein Speer an meiner Seite und blicke auf meinen Transponder. Ich blicke hinab von der Düne auf die Ebene aus Salz vor mir und sehe, was ich begehre, vier Schatten, die im Flimmern der Luft zwischen den Horizonten sichtbar sind. Mein Transponder hat sie nie verloren, und jetzt sehe ich sie mit eigenen Augen. Nicht mehr lange, und ich habe sie eingeholt, schon seit Tagen verfolge ich sie. Mein Wasser reicht noch zwei Tage, 120 ml. Ich strecke mich in dem hautengen Wüstenanzug und spüre meine genetisch veränderte dicke Haut, die mich gegen die Hitze isoliert. Ob ich Mitleid haben soll? Nein, ich genieße die Freiheit, die mir meine Aufgabe gibt. Die Familie, die ich jage, hat gegen die Regeln verstoßen, sie haben das neue Kind im Bauch der Mutter nicht aufgegeben, sind stattdessen geflohen, mit unserer Ausrüstung, mit unserem Wasser. Sie wollen von den Alpen durch die Wüste Deutschlands bis hoch nach Schweden, als ob es dort andere Regeln gäbe. Mein Wasser reicht noch zwei Tage. 120 ml. Aber in Stunden werde ich sie erreichen, und sie haben Wasser. Ich werde sie alle fünf töten, unser Wasser und unsere Ausrüstung zurückholen, für die Gemeinschaft. Langsam beginne ich den Abstieg von der Salzdüne.

Als ich die Dünen verlasse, fallen mir Kuppeln aus blanken Weiß am Boden auf, ich trete gegen eine, sie bricht. Ich erinnere mich und mein Transponder bestätigt es, die Steine sind Schädel, hier in diesem Teil der Wüste liegen die alten Menschen, oder was von ihnen übrig ist, ein Massengrab aus der Zeit vor den Verteilungskämpfen, vor den Wasserkriegen. Hunderttausende wurden hier hingerichtet, im letzten, im großen Krieg. Nicht hingerichtet vom Feind, nein, von der eigenen Regierung, weil man sie nicht mehr ernähren konnte, vernünftig, sehr vernünftig. Sollte ich von Schädel zu Schädel springen? Will ich spüren, wie sich die Schwäche der alten Menschen anfühlt, wenn ihre Knochen unter mir zerplatzen? Die alten Menschen, Vernichter dieser Welt. Ich gehe weiter, bald habe ich meine Beute.

Ich habe sie erreicht. Die letzte halbe Stunde bin ich gerannt. Nicht nur meine Haut ist dicker, nein, ich bin größer, meine Muskeln sind dicker, meine Lungen sind tiefer, ich habe zwei Herzen. Vorteile eines Henkers gegenüber der Arbeiterschaft. Ich habe sie gehetzt, jetzt können sie nicht mehr, sie lassen ihre Rucksäcke fallen und richten ihre Speere gegen mich. Schnell schließe ich die letzten Meter, ich gleite vorbei am Speer des Vaters und ramme ihm meinen ins rechte Auge, die Brille der Maske bricht, das Auge wird klar zerteilt, und der Speer zerreißt die rechte Hälfte seines Hirns. Ich trete gegen seine Brust. Er fliegt nach hinten und gibt meinen Speer wieder frei. Ich kann das Gesicht der Mutter unter dem Anzug nicht sehen, aber gerade wird all ihre Hoffnung zerfallen. Langsam gehe ich auf sie zu. Sie weicht Schritt für Schritt zurück, bis ihr die Ausweglosigkeit ihrer Situation klar wird, und sie bringt ihren letzten Mut auf, um ihre Kinder zu schützen. Ich will sie nicht töten, nur niederschlagen, sie soll noch erleben, wie ich ihre Kinder töte. Mein Speer trifft ihre Schläfe und bricht den Knochen. In dem Moment, als ihre Mutter fällt, laufen die Kinder los. Mit zwei Schritten bin ich hinter dem Größeren. Ich ramme ihm meinem Speer von hinten durch das linke Knie, er fällt vornüber. Das Mädchen läuft weiter, ich lasse sie etwas weiter wegrennen, weit genug, um meinen Speerwurf zu üben. Ich treffe sie in der unteren Wirbelsäule, zertrenne die Nerven zu ihren Beinen, sie bleibt liegen. Ich schleife die beiden kleinen Körper vor die Augen der Mutter. Das Kind im Leib der Mutter muss ich nicht extra töten genau wie die Mutter, das wird die Zeit für mich erledigen. Gerade will ich den zweiten Speer an mich nehmen, da höre ich das Signal. Vor mir taucht ein oranger Kreis auf. Er schwebt zwei Meter über dem Wüstensand und blinkt zum piependen Geräusch. Ich muss mich aus dem Spiel ausloggen, das Main hat eine Aufgabe für mich.

Klick. Es wird kurz dunkel und dann wieder hell. Ich sitze vor einer Übersicht der Weltkarte, der orange Punkt blinkt mir entgegen. Ich folge dem Punkt, vergrößere die Karte, bis ich auf einer Ansicht bin, mit der ich arbeiten kann. Der Fehler tritt in einer der uralten Photovoltaikanlagen in der Sahara auf. Eine der Anlagen, deren Strom Wasser entsalzt und das reine Wasser in die Mitte der Sahara pumpt. Die Fehlermeldung sagt mir: Der Wartungsroboter ist kaputt. Er ist da, um die Vegetation zu entfernen, die die Anlage stören könnte, er ist da, um die Anlage zu putzen und zu reparieren. Jetzt braucht er einen Techniker. Die nächste Techniker-Station ist 100 km entfernt. Der Sahara-Dschungel, benannt nach der Wüste, die er mal war, ist einfach zu spärlich mit Technik besetzt, um ihn hochverdichtet abzudecken.

Ich bin keine Subroutine des Main wie viele meiner Kollegen, ich bin ein Mensch, auch wenn ich alle meine Arbeit in der virtuellen Realität des Main verrichte. Ich spiele hier, teile hier Zeit mit meinen Freunden und Familie, und doch bin ich konfiguriert, die reale Welt zu mögen. Längst gibt es bessere Systeme, um Sauerstoff zu produzieren und CO2 zu binden, aber ich mag die Wälder. Sie sind ein Sicherheitssystem, das sich selbst erhalten wird, auch wenn alles andere wegbricht.

Ich sehe den Techniker starten. Ich könnte zurück in die Welt des Spiels. In der ich wichtiger und auch mächtiger bin, aber ich will noch kurz an meine Familie denken und meine Freunde. Ich will dankbar sein, dass der große Krieg endete, ich will dankbar sein, dass die Technologie des Main uns erhalten hat. Unsere Wälder, unser Leben, auch das gehört zu meiner Konfiguration, dankbar zu sein für das Gute in mir, das Gute, das ich an das Main weitergegeben habe. Denn wer weiß, wie die Welt sonst aussehen würde?

Artentod

Michael Schorr

Die „Menschheit" stirbt eines Tages
– oder eines Nachts –
so und so
oder so oder so.

Nun leidet sie
an einem bösartigen Hirntumor
und wird deshalb früher sterben
als ursprünglich geplant.
Einen „natürlichen" Tod.

Dem Patienten „Menschheit"
wurde sein Hirn
als Tumor
in die Wiege gelegt
und beide
– Patient wie Tumor –

wuchsen schnell.
Exponentiell.

So stirbt die „Menschheit"
an destruktivem Wuchern.

Bereits zu Lebzeiten des Patienten
wurde der Tumor diagnostiziert.

„Man" griff
in Personalunion
von Arzt
und Patient
zu bewährten Mitteln:
Gifte,
Strahlen,
Operationen
und Gebete.

Der Tumor erwies sich als resistent.
Die Prognose ist infaust.

Final kam die Demenz.

Dem extraplanetaren Beobachter
bietet sich nur noch
der psychiatrische Aspekt:

Im Sterben
reißt der debile,
umnachtete,
wahnhaft delirierende Patient
untransformiert
seine Geschwister,
die vierbeinigen,
die sechsbeinigen,
die achtbeinigen
und auch die Tausendfüßler
zu Land,
zu Wasser
und in der Luft
mit in den Tod.

Verschwindet die dunkle Wolke vor

meinem Fenster?

Letzte Fragen der Menschheit

Peter Witt

Nicht nur die Sonne geht für immer unter
hier in dieser schwarzen Brühe
Eben noch hat er sich unterhalten
mit einer Eva
von der nun Luftblasen aufsteigen
blubbernd als Erinnerung

Jetzt als letzter Überlebender
des Menschengeschlechts
kommt bei ihm ein wenig Stolz auf
dass er noch verblieben ist
zwar einsam und bald auch versinkend
aber noch für kurze Zeit am Leben
kann er allein Fragen stellen wie diese:
Wo geht es hin jetzt
und was wartet dort auf mich

wenn man mich dann fragt wie ich heiße
sage ich Adam
– das müsste reichen

Solche Zeiten

Tania Reinmutt

Vielleicht sollte man –

Nein.
Die Zeiten für Vielleicht sind vorbei.

Es kimd, wias kimd

Robert X. Gapp

I ko nimma –
hob i scho diam amoi gmoand,
awa es is oiwei wieda weidaganga –
und grod schee wars, nacha.

Leicht gehds,
hob i ma scho diam amoi dengd,
awa ums varegga hods ned baassd –
gscheid gfuxd hods.

Deszweng is s ge gscheida,
i loss s hoid gschehng –
es kimd eh a so, so wias grod kimd.

S is ganz a so wia miin Wind,
dea hoid aa ned oiwei
vo da grechddn Seidd kimd.

wia s ischt

Ingeborg Schmid

s ischt
wia s ischt
umensischt
gezittrcht
gehöffet
gehebet
umensischt

gelebet?

wie es ist

es ist

wie es ist

umsonst

gezittert

gehofft

ausgehalten

umsonst

gelebt?

Zweifler

Anni Stiegler

Natürlich lächelt sie – wie immer – aber kein Ton verlässt ihre Kehle – nicht leise, nicht lauthals, nicht schreiend. Sie will diese Diskussion nicht. Ihre Argumente können nicht standhalten. So bleibt alles offen, kein Wort der Missbilligung, kein Wort der Richtigstellung, kein Widerstand. Sie hat verlernt, sich zu äußern. Vielleicht hat sie es sich auch verboten. Denn es schmerzt, bespöttelt zu werden. Was bewirken schon Worte? Nie hat jemand auf sie gehört. Und jene, die immer schon alles besser wussten, reden so laut, finden Gehör. Zweifler bleiben allein.

Sie sehnt sich nach Menschen, die etwas wissen, die etwas sagen, ohne es zu behaupten.

Dunkle Tiefen

Sepp Obermüller

Dunkle Tiefen
Geister schliefen
Sind nun erwacht
Mit aller Macht
Sie dich nun packen
Fest am Nacken
Bist gefangen
Voller Bangen
Pocht das Herz
Stetiger Schmerz
Es beenden
Das Blatt wenden
Sich zu quälen
Oder stellen
Wird's gelingen
Zähes Ringen
Mir fehlt die Kraft

Hab's nicht geschafft
Niederlage
All die Tage
Nachgegeben
Tristes Leben
Dunkle Tiefen
Wo brennt ein Licht
Ich seh´ es nicht
Vielleicht morgen
Werden Sorgen
Dann erträglich
Beinah täglich
Zieht's mich nieder
Immer wieder
Angst vertreiben
Durch das Schreiben
Abzulenken
von dem Denken
Ich hab's versucht
Es ist nur Flucht.

Die Beobachterin

Dagny Reichert

„Ritters lassen den Ramazotti verhungern!" Die Beobachterin stand anklagend im Hof und schob mit einer kleinen, unbewusst vollführten Geste ihren fransig gestylten Pony in Position.

Tatsache war, dass das halbe Haus wusste, wer die Fütterung des rotgestromten Katers übernommen hatte: der Gutmensch aus dem Erdgeschoss. Man hatte ihn in alle Details eingewiesen; er hatte sogar einen Schlüssel zum Architektenhaus bekommen, um gegebenenfalls die Katzenklappe warten zu können.

Ramazotti war der unangefochtene King des Quartiers und unheimlich verfressen; er bediente sich nur allzu gern auch an anderen Näpfen, wo man ihm freiwillig den Vortritt einräumte, da andernfalls eine rote, scharfbekrallte Tatze ihre schmerzhaften Spuren hinterließ.

Verhungert wäre er also auf keinen Fall. Es war erstaunlich, dass die Beobachterin, die doch viel Zeit damit verbrachte, im Schatten hinterm Fenster im oberen Treppenhaus zu stehen und das Geschehen auf dem Hof zu verfolgen, nichts von der Versorgungsregelung mitbekommen hatte. Aber auch sie konnte schließlich nicht überall gleichzeitig sein. Sobald die Mitbewohner von der Arbeit kamen, wechselte sie nämlich auf die andere Seite des Hauses, indem sie in ihrem Schlafzimmer auf einen vierstufigen Tritt kletterte, der ihr den ungeteilten Blick aus ihrem Dachfenster auf das Geschehen auf den Balkonen ermöglichte.

Trotz ihrer befremdlichen Art rührte sie mich, da sie, nie verheiratet, alleinstehend, kinderlos, die Siebzig überschritten habend, noch immer sklavisch dem Traum von der ewigen Jugend anhing. Jede vermeintliche Hautveränderung in ihrem Gesicht stürzte sie in Verzweiflung. Der Hautarzt verdiente mit seinen Laseraktionen vermutlich ganz hervorragend an ihr, während sie dann die nächsten Tage, das Pflaster auf ihrer Nase nur unzureichend mit einem Schal verbergend, leidend durchs Treppenhaus huschte.

Vermutlich war der Gutmensch der Einzige, der sich ihre Vorträge über Hautveränderungen geduldig und zugewandt anhören konnte. Da die Beobachterin die Angewohnheit hatte, nach jedem Monolog mit einem „So, jetzt muss ich aber weiter!“ davonzueilen, hatten die anderen Bewohner ihre Bemühungen um eine Kommunikation längst aufgegeben. Was war ihr widerfahren, dass sie so gar keine Empathie für andere mehr empfinden konnte? Als direkte Nachbarn begegneten wir uns schließlich öfter, und stets grüßte sie freundlich; bat mich eines Tages sogar auf eine Tasse Tee herein.

Das war an einem schönen Spätsommernachmittag; durch die Ritzen der heruntergelassenen Rollläden blinkten jedoch nur ein paar schwache Sonnenstrahlen auf den gewachsten Eichenholzboden und malten dort schmale Streifen.

Den großen, hohen Wohnraum dominierten wenige, ausgesprochen teure Designerstücke. Da war der schwere Massivholztisch für sechs Personen, um den herum vier mit schwarzem, glattem Leder bezogene Stühle standen, angestrahlt von einer extravaganten Hängelampe aus schwarzem Glas. An der Seitenwand lehnte ein langes, hüfthohes, nach unten konisch zulaufendes Mahagoni-Sideboard mit schwarz eingelegten Griffen an den Schiebetüren, und den Platz gegenüber füllte ein viersitziges, sehr futuristisch anmutendes, herbstlaubbraunes Sofa. „Rehleder!“, wie die Beobachterin bemerkte, um mir dann einen Platz auf einem der schwarzen Stühle anzubieten. „Nachmittags muss ich immer die Rollläden herunterlassen, damit das Sofa von der Sonne nicht ausbleicht. Aber ich schätze, jede Wohnung hat so ihre Nachteile“, lächelte sie süffisant, während sie mir einen stark nach Heu riechenden Kräutertee einschenkte. „Meinst du, ich sollte mir eine Zimmerpflanze anschaffen?“ Diese Frage schien sie ernsthaft und tief zu beschäftigen, denn sie referierte die Vor- und Nachteile ausführlich. Ich mühte mich mit dem Kräutertee und dachte darüber nach, für wen das Sofa wohl geschont werden sollte; schließlich gab es ja keine Erben. Die Stimme der Beobachterin hallte durch den großen Raum und machte das Zuhören zunehmend anstrengender. „Gefällt es dir bei mir?“ Ich würdigte den einzigen Wandschmuck, der durch das Halbdunkel stach: ein abstraktes, in Spachteltechnik gefertigtes burgunderrotes Ölgemälde. „Alles völlig neu eingerichtet. Dieses Bild gab es jedoch schon in meiner früheren Wohnung. Ich habe es einmal von einem

Münchner Galeristen gekauft. Nicht ganz unbekannt in der Szene, der Mann." Wieder dieses süffisante Lächeln.

Der Trick war lahm, aber im Notfall legitim: ein Blick auf die Uhr, ein leicht erschrockenes „Oh, es ist ja schon sechs! Ich muss langsam mit dem Kochen anfangen!", sich bedanken und verabschieden.

Monate später, als die Beobachterin eine Zimmerpflanze im Treppenhaus abstellte, weil diese – wie ich mit eigenen Augen feststellte – von Läusen befallen war, um dann ca. 3 Wochen abzuwarten, ob sich das Ungeziefer von allein entfernte, was es natürlich nicht tat, begann eine Art Kreislauf, der sich in regelmäßigen Abständen wiederholten sollte: Die Pflanze wurde entsorgt, und der Topf fristete noch ein, zwei weitere Wochen sein trauriges Dasein im Treppenhaus, bevor er zuletzt ebenfalls verschwand.

Ein paar Wochen später entdeckte ich dann einen neuen Topf, diesmal mit einer anderen Pflanze. Offensichtlich hatte die Beobachterin einen weiteren Versuch gewagt. Und jetzt waren es keine Läuse, sondern winzig kleine Erdfliegen, die das Grün bevölkerten. Was folgte, ist bekannt: Pflanze entsorgt, Topf vereinsamt, kahles Treppenhaus, der nächste Topf.

„Es ist so traurig!", sagte ich zum Gutmenschen, als wir am Fahrradschuppen standen und die Beobachterin gerade mit ihrem Pedelec davonfuhr. „Denkst du, sie ist glücklich, so wie sie ist?" Er lächelte milde, während er sich seinen Fahrradhelm überstülpte: „Wir halten sie aus. Und Glück, was ist das schon?"

Depression

Regina Ettwein

Die Zeit zerfließt
im dunklen Meer.
Die Wellen sind der Tiefsee fremd
und mir.
Der Morgen bang
die Tage dumpf
die Nacht ein zeitlos Grauen.
Verstrickt in Sorgenmühlen grau
kaum Sicht
ganz starr
am Seelengrund
gefangen.
Und doch,
es geht vorbei
nicht Tage

aber irgendwann.

De Frag` ohne Antwort

Karl-Heinz Austermayer

Wenn di a Mensch ganz plötzlich für immer vo`lasst
den du wirklich gern g`habt hast,
is as Leb`n auf oamal so traurig und laar
und ois is plötzlich so narrisch schwaar.

Du fragst di, wia soll des iatz bloß weitergeh`
wenn`st wieder alloa im Leb`n muasst steh` ?
Du denkst, warum mua des grad bei mir iatz sei`,
was denkt se unser Herrgott wohl dabei ?

Du schimpfst sogar, warum trifft des iatz agrat grod mi,
wo i doch jeden Sunntag a da Kirch` drin bi` ?
De Antworten kon ma nur schwar ergründ`n,
i gla`b, des is koa Frag` vo` vui oder wenig Sünd`n,

Da Herrgott hat`s halt a so bestimmt,
und es bleibt oan nix übrig, als dass ma`s so nimmt.
Da Oane werd alt – da Andere mua als Junga scho geh`,
es is do und do für de Angehörigen net sche.

Drum is g`scheider, dass ma an Zeitpunkt net woa`,
sunst wissert ma nimmer, was ma z`erst soll doa,
ma kon halt nur auf`n Herrgott vo`trau`n
und um a erfülltes, glückliches Leb`n schau`n.

Es is zwar dann oiwei no net egal, ob ma kurz oder lang derf leb`n,
aber ma duat vielleicht ois mit andere Aug`n o`seg`n ...
Drum war's besser, ma fragert nimmer nach'n „warum“,
weil darauf bleib'n wohl alle Menschen stumm!!

Für Franz

Elisabeth Thielemann

Ausweg? Los! – Ein Thema, das zum Nachdenken anregt, ein Thema, das in dieser von Krisen gebeutelten Zeit Hoffnung vermitteln und Lösungs-Chancen aufzeigen soll. Aber was ist eigentlich ein Ausweg?

Man könnte sagen, ein Ausweg ist die rettende Lösung aus einer schwierigen Situation, einem Dilemma oder die Befreiung aus einer Bedrängnis. Bedrängende Situationen können unterschiedliche Ursachen haben. Sie können hervorgerufen werden durch eigenes Verschulden, durch Fremdeinwirkung oder durch schicksalhafte Fügungen. Was alle damit auslösen, ist das Bestreben, so schnell wie möglich Auswege zu finden, um aus der belastenden Situation herauszukommen. Doch ist es wirklich immer möglich, einen Ausweg zu finden?

In den meisten Fällen können schnell oder auf längere Zeit Lösungen gefunden werden. Am schwierigsten gestalten sich jene Situationen, die unverschuldet oder durch schicksalhafte Fügungen ausgelöst werden, seien es Krankheiten, Kriege, Naturereignisse oder andere Bürden, die plötzlich und unerwartet unser Leben überschatten.

Bei diesen Gedanken fällt mir eine Geschichte ein, die mir meine gute Freundin Anna berichtet hat:

Sie hatte einen sehr guten Freund, der sich stets für sie Zeit nahm, wann immer sie sich mit ihm treffen und aussprechen wollte. Sie hatten sich bei einem Job kennengelernt und spürten sofort eine tiefe Verbindung auf rein menschlicher Ebene, die aber nie in eine Affäre ausuferte, da sich beide in festen Beziehungen befanden, die sie nicht zerstören wollten. Eines Tages traf Anna ihren Freund Franz wieder. Er sah ihr ernst in die Augen und sagte: „Ich muss dir was Wichtiges sagen. Ich habe gestern von meinem Arzt die Mitteilung erhalten, dass ich an Krebs erkrankt bin und nicht mehr lange zu leben habe. Die Krankheit ist bereits soweit fortgeschritten, dass es keine Hoffnung mehr für mich gibt. Es ist nur noch eine Frage der Zeit.“

Anna war fassungslos, verzweifelt, wollte helfen, wollte einen Ausweg finden! Doch das Einzige, was sie tun konnte, war, Franz zuzuhören, beizustehen und zu versuchen, ihm in seiner schwierigen Zeit eine Stütze zu sein. Sie trafen sich noch einige Male. Treffen, von denen sich jedes einzelne nach Abschied anfühlte. Selbst der Wein, den sie gemeinsam tranken, schmeckte nicht mehr so wie vorher und die Gespräche, die sie führten, waren andere. Gespräche über eine Zeit, die sie nicht mehr gemeinsam erleben würden. Dann kam ein Treffen, an dem beide spürten, dass es wohl das letzte war. Anna nahm ihren ganzen Mut zusammen und sagte zu Franz: „Versprich mir, deine Frau zu bitten, mich anzurufen, wenn es zu Ende geht, bitte gib ihr meine Telefon-Nummer."

Franz versprach es, und seine Frau rief Anna auch wirklich an, als Franz gegangen war. Auf seinem letzten Weg auf dem Waldfriedhof konnte sich Anna von ihrem guten Freund für immer verabschieden und seine Frau, eine ausgesprochen liebe Frau, in die Arme nehmen.

Anna und Franz hatten vergeblich versucht, einen Ausweg zu finden. Die Frage, ob der Tod ein Ausweg ist, bleibt für mich persönlich ewig unbeantwortet. In vielen Fällen kann man losstürmen, Auswege suchen und auch finden. Manchmal kann es schon ein kleiner Ausweg sein, eine vermeintlich unlösbare, schwierige Situation einfach anzunehmen, zu versuchen, das Beste daraus zu machen, demütig und dankbar zu sein für alles, was man an Gutem erleben durfte und einfach nach vorne zu blicken. Und wieder drängen sich mir tausend Fragen auf, wobei mich die eine besonders beschäftigt: „Ist das dann Ausweg oder Resignation?"

ausn öögnen

Ingeborg Schmid

hat ih nit asö
dringschauget
oftr hattesch du ondrcht
draugschauget
und di oan a weag
wekgschauget
sam schaugats iatz nit asö
aus

Aus den Augen

Hätte ich nicht so
dreingeschaut
dann hättest du anders
draufgeschaut
und die anderen ein wenig
weggeschaut
sodass es jetzt nicht so
ausschauen würde

tumultus mundi

(multi mund art tumult)

Tania Reinmutt

hook ouffan än de beang

dej hiärdan omidst angene schäf

ant darunst

dej kniächtan mech di miägdan än angene hiätt

aaf de feltan

dej bourna henterst angene pfluog

ant aan de seang wöj tu di maare

dej füschrian än angene bööt

tu talen än de doafan

dej pfoffna än angene kiang

ant darobst

dej riddarslüät aaf angene buang

än de grouse stodan

de koupmannan än angene stattelik hüjs

ant än de stroßan

dej ärmst minschan mech angene hungragi kindlan

ämme kathadral ant ämme palajs

tan beschöpp mech süngan güldstiackateng muutz

ant öb allang noog jidauk

tan könerg aaf süngane stöanang throun --

si ell höv nümmemahr glöjb

tass aan öjnang doog dr aanst

untig

wärd künna wöang

opig

ant opig

wärd künna wöang

untig

avar genuwe sou

ös kumman

Kann eine einzelne Kerze so viel Licht geben?

Meine Liebe bleibt

Michael Inneberger

Das Glitzern in der Sonne waren wir.
Ein Geben und Nehmen im Universum.
Die roteste Rose schenkte ich dir.
Wir vergaßen alles um uns herum.

Wir lachten zusammen im Leben
Wir tanzten zusammen den Tanz der Nacht.
Wir hatten uns so viel zu geben.
Wir haben uns Liebe entgegengebracht.

Der Traum darf nicht enden.
Am Morgen bin ich einsam erwacht.
Das Blatt wird sich wenden.
Ich hab nur an dich gedacht.

Du hast mein Leben verlassen.
Ein Abschied tut immer weh.
Traurig wandere ich durch finstere Gassen.
Seit Tagen mein Blick auf die stürmische See.

Unser gemeinsamer Weg geht zu Ende.
Wir suchten das träumende Glück.
Das Leben hat eine traurige Wende.
Einsam blieb ich dabei zurück.

Irgendwann werden wir uns wiedersehen.
Zum Atmen fehlt mir die Kraft.
Vielleicht wieder auf einem Wege gehen.
Ein Ausweg ist zweifelhaft.

Jetzt heißt der Tanz Einsamkeit.
Die Nacht ist dunkel und der Morgen sehr weit.
Ich wünsche dir eine bessere Zeit.
Meine Liebe ist groß und sie bleibt.

Sehen wir uns morgen?

Janina Fellgiebel

Die Türen der Tramlinie 27 öffnen sich mit einem sanften Seufzen, spucken in Anonymität versinkende Bewohner der Großstadt aus, bevor sie sich wieder schließen und du einen Blick aus dem Fenster wirfst, den ich dankbar auffange. Dein linker Mundwinkel erhebt sich zu einem schiefen Grinsen, ich nicke dir zu, du zwinkerst, die Ampel wird grün, zehn Paar Füße queren vor und hinter den meinen die Straße, mein Finger landet auf der Klingel, deine Stimme ertönt verzerrt aus der Gegensprechanlage, ich eile die Treppenstufen hinauf.

Der Klang deiner Stimme und das erfreute „*Hey, du*" treffen den Bruchteil einer Sekunde früher auf mein Trommelfell als deine Lippen auf meine. Draußen fällt der erste Schnee, scheue streunende Eiskristalle legen sich auf Windschutzscheiben, spät abends gehen wir spazieren. Vergrabe meine Finger tief in meinen Jackentaschen, du tust es mir gleich, dein Arm ruht zeitweise auf meiner Schulter um zu zeigen, dass wir ein Paar sind, aber die Kälte findet Einzug in deine Knochen und deine Hand deshalb immer wieder den Weg zurück in die Taschen deines braunen Mantels.

Rote Zeitungsboxen säumen wie welkende Rosen die Straßengeflechte in der Maxvorstadt und der Verfall der Welt und Menschheit leuchtet einem in schwarzmalenden Lettern in Form von etlichen Titelstorys entgegen. *Atmosphärenforsche-rInnen. CO$_2$-Emissionen. Lockdown. Gletscherschmelze. Klima* & *Mobilität. Todesfälle.*

Unsere Augen registrieren die Worte, sie wiegen schwer auf unserer Zunge und doch treibt der leichte Wind, der über die Bürgersteige weht, die ihnen innewohnende Bedeutung wieder aus unseren Gedanken, bis nur noch der Hauch einer Erinnerung zurückbleibt wie ein druckertintengeschwärzter Fingerabdruck. Jetzt legst du den Arm um meine Schulter und wir stolpern blind an den nachfolgenden Zeitungsständern vorbei, gehen Unausweichlichem aus dem Weg, laufen Slalom um aufbrechende Strukturen, und meine Hand hält deine, während irgendwo alles auseinanderfällt. Aber je länger ich mich auf dein Wesen konzentriere, desto mehr löst sich dein Fingerabdruck auf, bis nur noch deine Lungen bei null Grad in etwa 80 Milligramm CO$_2$ an die Umwelt abgeben und deine Küsse mir den Atem rauben.

Blau gefliese Küche, zerkratzter Edelstahl, Bilder von Vormietern, bunt zusammengewürfeltes Geschirr, Pizzen im Ofen, erstarrte Kerzenstummel in grünen Weinflaschen, graue Bettwäsche, Kakteen auf dem Fensterbrett, Lichterkette, Kleiderschrank, Turnschuhe, Rennrad, Schallplattenspieler und wir mittendrin. Das ist unsere kleine Welt, und solange wir den Mittelpunkt unserer eigenen Universen bilden, ist das Leben gar nicht so dem Untergang geweiht, wie Nachrichten postulieren.

Vielleicht fehlt uns der Weitblick und das Interesse für Extremwetter, weil das Glück die andere Betthälfte für sich beansprucht und das gleiche weiße T-Shirt in siebenfacher Ausfertigung im Schrank liegen hat.

Konstante Rotation von Herzklopfen und wandernden Fingerspitzen, auseinanderfallende Erwartungshaltungen, kompromisslose Überschneidungen von parallel verlaufenden Lebenswegen und das Pulsieren der Stadt. Grobe Fahrlässigkeit oder Ignoranz; was sind schon Treibhausgase? Überfischung, Überschwemmung, Übermut; drehst du mal die Musik lauter?

Das Blau deiner Augen mein Ozean, in Vollmondnächten kann ich nicht schwimmen, und der Schlag deiner Augenlider lässt Wellen über meinem Kopf zusammenbrechen, bis ich, nach Luft schnappend, aus dem Alptraum erwache und entfernt das Seufzen der Türen der Tramlinie 27 höre. Ende des Winters schmilzt der Schnee und zieht tränennasse Bahnen über meine Wangen. Dein Mund formt Worte von Finalität und erloschenem Interesse, und deine Satzgeflechte wiegen so schwer und brennen auf meiner Haut, und mein Herz schwimmt frakturiert im Abfluss neben benutztem Geschirr. In mir implodiert das Konstrukt eines gemeinsamen Lebens, gefestigte Selbst- und Weltbilder verflüssigen sich, Quecksilber flutet meine Venen, bis ich nicht mehr weiß, wie man atmet, bis schwarze Punkte verhöhnend vor meinen Augen tanzen und dein Fingerabdruck auf meiner Haut eingebrannt ist. Fühlt es sich so an, alles zu verlieren? Werde ich zur welkenden Rose werden, der du keine Beachtung mehr schenkst, egal, wie laut ich deinen Namen rufe? Um wessen Schultern ruht dann dein Arm, und weshalb gehst du mir auf lange Sicht aus dem Weg?

Die Türen der Tramlinie 27 öffnen sich mit sanftem Seufzen und mütterlichem Blick, nehmen mich auf, und mein Kopf sinkt gegen die Scheibe. Zeitungsboxen säumen den Heimweg, an jeder Haltstelle bohren sich die Schlagzeilen unbarmherzig in meine geröteten Augen. *Klimakrise – ausweglos oder abwendbar?*

Wie kannst du dich abwenden, als wäre ich eines dieser lästigen Themen, die die Nachrichten dominieren? Wir hatten doch nur diese eine Welt, und trotzdem lässt du sie zerfallen, um mit jemand anderem eine neue zu schaffen, wohlwissend, dass du nicht mehr über alle Ressourcen verfügst.

Daheim angekommen, reiße ich mit zittrigen Fingern Bilder von dir und mir von den Wänden, weißes T-Shirt Nummer acht landet in der Wäsche. Realisiere, wie begrenzt meine Sicht war, reduziert auf dein Wesen und vier Wände. Die Sonne wird sich auch in anderen Fensterscheiben spiegeln, und die Stadt bleibt doch immer gleich, ganz egal wie viele gebrochene Herzen wir addieren.

Es ist weder ausweglos noch aussichtslos, und ich glaube, das fange ich gerade erst an zu verstehen.

Ich fange meine Tränen auf und morgen von vorne an.

Die Essenz des Lebens

Mira Beller

Wo bleibst du nur Geborgenheit?
Bist du mir fremd geworden oder gar nie da gewesen?
Die Welt dreht und dreht sich immer weiter.
In mir oft nur Stille, Leere und Traurigkeit.

Doch es gibt auch ein Quäntchen Glück, den berühmten Silberstreif am Horizont, seit du, du zauberhaftes Wesen, einen riesengroßen Platz in meinem Herzen innehast. Nun fühle ich grenzenloses Glück und einen inneren Frieden, um endlich bedingungslos zu lieben.

Ist das die Antwort auf Kraft gebende Geborgenheit?

Ich denke doch! Dank deiner Liebe werde ich vollen Mutes in Richtung Zukunft blicken. Allen Widerständen und Schwierigkeiten des Lebens zum Trotz.

Ein anderes Leben

Armena Kühne

Nurias Finger umklammerten den Maschendraht, der sie von der Welt draußen trennte. Sie sah auf einen Ort, dessen Namen sie nicht kannte. Auf der nahen Straße fuhr ein Lieferwagen. Der Fahrer ignorierte das Lager, die Zelte und die Menschen. Sie waren nicht erwünscht! Es war verboten, sich so nahe am Zaun aufzuhalten. Oft genug war sie von den Soldaten weggeschickt worden. Nuria hasste sie ebenso wie die Taliban zuhause, die der Mutter verboten, ihre Arbeit im Krankenhaus weiterzuführen. Die ihr nicht mehr erlaubten, zur Schule zu gehen. Sie hasste das Lager. Und sie konnte sich nicht an die chemischen Toiletten gewöhnen. Nicht an die Nächte, in denen dünne Trennwände eine trügerische Privatsphäre vermittelte und jedes Schnarchen und Stöhnen sie aus dem Schlaf riss. Nuria löste sich vom Zaun. Als sie sich umdrehte, entdeckte sie Beni neben einem Busch. Seine dunkle Haut machte ihn beinahe unsichtbar. Er war erst seit wenigen Wochen im Lager. Ein Bilderbuch hielt er fest an den Körper gepresst. Er sprach nicht, und ob er wirklich Beni hieß, wusste Nuria nicht. Sie fand, der Name passte einfach zu ihm. Sie mochte den Jungen. Einsamkeit verband. Beide setzten sich unter einen Olivenbaum. Nuria nahm das Buch und erzählte ihm ein Märchen. Ob er sie verstand? Auch das wusste Nuria nicht. Manchmal deuteten seine kleinen Finger auf einen Gegenstand, und sie erklärte, dass dies ein Baum sei oder ein Vogel, der nicht fliegen konnte. Mitunter gelang es ihr sogar, ein Lächeln in sein Gesicht zu zaubern. Wenn er genug hatte, nahm er das Buch, legte es auf den Boden und bettete seinen Kopf darauf. Dann schlief er ein. Das Buch schien sein größter Schatz zu sein.

Alja, ein zwölf Jahre altes Mädchen aus einem zerstörten Dorf nahe bei Faizabad, kam und setzte sich neben sie. „Sie schicken uns zurück" sagte sie.

„Überall ist es besser als hier im Lager", meinte Nuria. Sie dachte dabei an Großvater, bei dem sie drei Monate vor ihrer Abreise gelebt hatten. Dachte an sein Lachen, das tausend Falten in sein Gesicht warf. An die Geborgenheit in seiner Nähe. An den kleinen See, der grün und klar zwischen den Berghängen eingebettet auf sie wartete. Es war jener Ort der Welt, an dem sie einen Teil ihrer Kindheit verbracht hatte.

Alja wischte sich die Tränen aus dem Gesicht. „Wo sollen wir hin? Unser Haus ist zerstört, und mit Onkel Fahad hat Papa gestritten. Dort kriecht er auf keinen Fall unter, sagt er. Und ich will nicht zurück, verstehst du. Es ist einfach nicht fair!"

Nuria legte die Hand auf ihre Schulter. Was sollte sie antworten? Dass das Leben nie fair war? Dass es keine Gerechtigkeit gab und nicht die Freiheit, von der Mutter erzählt hatte? „Vielleicht könnt ihr bei uns wohnen. Mutter hat bestimmt nichts dagegen."

Alja zerdrückte eine Ameise, die auf ihrer Kleidung krabbelte. „Euer Name wurde nicht genannt."

„Bist du sicher?"

Alja stand auf. „Vater sagt, das kommt daher, weil deine Mutter immer mit dem jungen Soldaten redet."

„Was sagst du da, Mama tut nichts Unrechtes."

„Ihr könnt hierbleiben, wir nicht." Alja drehte sich um und lief zurück zu den Zelten. Nuria lehnte den Kopf an den knorrigen Stamm des Olivenbaumes. Wenn Papa und Sami da wären, würde man nicht so reden. Dann wären sie noch in Kabul oder bei Großvater. Papa war im Kampf gegen die Taliban gestorben und Sami beim Einschlag einer Bombe auf dem Markt von Kabul. Denk an was Schönes, ermahnte sie sich, als sie spürte, wie eine Welle der Verzweiflung auf sie zurollte. Denk an den Sommer vor drei Jahren, als alle zu Großvater in den Hindukusch fuhren. An die Nacht, als sie draußen vor dem Feuer saßen. Großvater hatte ein Huhn geschlachtet. Denk daran, wie Papa Mama zum Lachen brachte. Erinnere dich, wie auf den Berghängen vereinzelt Feuer brannten und wie auf deine Frage, wer dort oben wohne, Großvater die Geschichte von verbannten Bergdämonen erzählte. Großvater, der Geschichten erzählte von Königen und Stammesfürsten, von Frauen, die nicht in ihre Häuser eingesperrt wurden.

Es war eine Zeit, die weit in der Vergangenheit lag. Beni wurde wach und legte ihr sein Buch auf den Schoß. Während sie erneut ein Märchen erzählte, verebbte der Schmerz in ihrem Herzen. Dann schloss sie das Buch und reichte es Beni wieder. Nuria stand auf, und Beni verschwand zwischen den wenigen Büschen, die nahe am Zaun wuchsen.

Draußen am Eingangstor standen vier Soldaten und unterhielten sich. Einer der Soldaten winkte Nuria zu sich. Seine Gesichtszüge waren freundlich, und die dunklen Augen besaßen einen warmen Schimmer. Ich mag ihn trotzdem nicht, dachte Nuria, als er sie nach ihrem Namen fragte. „Sag deiner Mutter, dass ihr morgen Vormittag vom Bruder deiner Mutter abgeholt werdet. Ihr dürft das Lager verlassen."

Für einen kurzen Augenblick stockte Nuria der Atem, dann rannte sie los. Die Mutter saß alleine, im Schatten, vor dem Zelteingang. Aufgeregt wiederholte Nuria die Worte des Soldaten und umarmte die Mutter. „Nichts dauert ewig, und unser Leben steht nicht still", sagte sie leise. Eines hatte Nuria auf der langen Flucht gelernt: Es gab immer einen Ausweg, egal, wie hoffnungslos die Situationen gewesen waren. „Jetzt werden wir das freie Leben vor uns haben, von dem du mir oft erzählt hast", meinte Nuria, und zum ersten Mal sah sie wieder einen Hoffnungsschimmer in Mamas Augen.

a sia

Ingeborg Schmid

aus dr spur
a sia
wegnen indrn winte
wegnen möne
wegn dia ondrn leite

nebm dr spur
a sia
a nuies ries

Manches Mal

aus der Spur
manches Mal
wegen des Föhnwindes
wegen des Mondes
wegen der anderen Menschen

neben der Spur
manches Mal
eine neue Fährte

Die letzte Ausfahrt

Reinhold Schneider

Die Pfützen auf dem Waldparkplatz waren zugefroren. Eine dünne Schneeschicht bedeckte den Boden. Zwischen den drei Männern im Auto herrschte konzentriertes Schweigen. Einer rauchte. Der Qualm entwich durch die geöffneten Fenster, hinaus in die frostige Morgenluft, wo er als weißer Nebelhauch vor den dunklen Fichten über dem Boden schwebte, bevor er sich langsam ins Nichts auflöste.

Antonio trommelte mit den Fingern nervös auf dem Lenkrad herum. Standen sie an der richtigen Landstraße? Hatte er Walter richtig interpretiert? Er war sich plötzlich nicht mehr sicher. Sie warteten bereits seit vierzig Minuten. Und würde auch alles nach Plan ablaufen? Sie waren die Details zigmal durchgegangen. Andererseits war in seinem bisherigen Leben das Glück, bis auf das letzte Jahr, immer auf seiner Seite gewesen. So versuchte er, seine Gedanken auf die glücklichen Momente in seinem Leben zu lenken.

Als er das Alfa Romeo-Autohaus, das seine älteren italienischen Freunde finanziert hatten, als Geschäftsführer eröffnen durfte. An die Jahre danach, in denen sich jeweils der Umsatz, an den sein Gehalt gekoppelt war, verdoppelte, so dass er sich ein eigenes Haus in gehobener Lage leisten konnte. Er dachte an seine Heirat mit Brigitte und an die Geburt seiner beiden Kinder.

Wenn nur die verdammte Finanzkrise nicht gekommen wäre, in deren Folge die Verkaufszahlen eingebrochen und damit seine Prämien entfallen waren. Wenn die Bank nicht gedroht hätte, seinen Hauskredit zu kündigen, falls er seine Zahlungen nicht umgehend wieder aufnehmen würde. Da er seine junge Familie über alles liebte, sah er keinen anderen Ausweg als in die Firmenkasse zu greifen.

Das Glück hatte ihn Gott sei Dank nicht ganz verlassen. Ein Gespräch mit Walter, einem seiner betuchten Kunden, der ein Geldtransportunternehmen besaß, brachte ihn auf die Idee, wie er seine akuten Geldprobleme lösen könnte.

Das Hämmern eines Spechts drang aus dem Wald herüber und riss Antonio jäh aus seinen Gedanken. Er blickte zu seinem alten Schulfreund Max, der mit verschränkten Armen auf dem Beifahrersitz saß und dessen Blick konzentriert, entlang der Schneise des Waldweges, auf den schmalen, sichtbaren Ausschnitt der Landstraße gerichtet war, während dessen Bekannter Hans, auf der Rückbank, immer noch weiße Wolken aus dem Fenster blies. Sie warteten. Bald musste es soweit sein.

Während Antonio versuchte, sich wieder auf die Ruhe des Waldes einzulassen, hörte er plötzlich ein leises, dumpfes Brummen. „Da ist er", entfuhr es ihm, als ein dunkler Transporter das schmale Blickfeld kreuzte. Hans auf der Rückbank schnippte seine Kippe aus dem Fenster, Antonio lenkte den Wagen auf die Straße und verfolgte den Transporter in sicherem Abstand. Es waren nur wenige Kilometer bis zum Marktplatz von Unratshausen. Wie erwartet, hielt der Lieferwagen direkt vor dem Hintereingang der Sparkasse. Sie zogen sich die Masken über ihre Gesichter, warteten, bis die beiden Geldboten die rückseitigen Türen öffneten, fuhren auf den Transporter zu und sprangen aus dem Wagen. Während Hans die beiden Boten mit seiner Waffe in Schach hielt, entriss Max dem Älteren die Geldkassette und schlug ihn dann mit seiner Pistole nieder. Diesen Augenblick nutzte der Jüngere. Er zog seine Waffe und schoss. Die Kugel traf Antonio in den Bauch. Hans schoss sofort zurück. Der Jüngere fiel zu Boden und blieb reglos liegen. Hans und Max packten Antonio an den Armen, schleppten ihn zum Auto und setzten ihn auf die Rückbank.

„Lass uns abhauen", sagte Max, nachdem er die Geldkassette unter dem Beifahrersitz verstaut hatte. Hans jagte den Skoda mit hohem Tempo über die schmale Landstraße, auf der sie gekommen waren. Antonio saß gekrümmt auf dem Rücksitz. Sein Gesicht war blass. Er presste mit beiden Händen seine Jacke auf seinen Bauch. Er spürte, wie sein Blut langsam unter dem Gürtel hindurchsickerte und seine Oberschenkel wärmte. Mit jedem Pulsschlag pumpte sein Herz einige Milliliter des warmen roten Saftes, durch das kleine Loch in seinem Bauch, in seine Hose. „Es fühlt sich an wie eine lauwarme Pfütze", sinnierte Antonio.

Max auf dem Beifahrersitz drehte seinen Kopf in Richtung Rücksitz: „Es ist dir doch klar, dass wir dich nicht ins Krankenhaus bringen können?" Antonio nickte.

Max blickte fragend zu Hans, der konzentriert hinter dem Steuer saß und den

Wagen weiter mit hohem Tempo über den Asphalt jagte: „Waldparkplatz?“

„Ja, das ist wohl das Beste“, sagte Hans mit brüchiger Stimme, ohne seinen Blick von der Landstraße zu nehmen.

Auf dem Parkplatz waren noch ihre Reifenspuren vom frühen Morgen zu sehen. „Der Baum da drüben“, sagte Max und deutete auf die große Fichte am Rande des Platzes. Er holte zwei Decken aus dem Wagen und legte eine vor den Baum. Dann hoben sie Antonio vom Rücksitz, der sich mit seinen Armen auf ihren Schultern abstützte, setzten ihn auf die Decke und deckten ihn mit der anderen zu. Max nahm Antonios Handy aus dessen Jackentasche, schaltete es ein und drückte es ihm in die Hand.

„Das ist jetzt deine Entscheidung“, sagte Max, dem sichtlich unwohl dabei war, „ob du die 112 wählst“.

„Bringt meinen Anteil zu Brigitte“, antwortete Antonio mit geschwächter Stimme, und presste die Decke fest auf seinen Bauch. „Und jetzt haut ab und bringt das Geld in Sicherheit“.

Antonio hörte das Zuschlagen der Türen, das Knirschen des Schnees beim Losfahren und das Aufheulen des Motors. Dann war Stille. Er schloss die Augen und sah den toten Uniformierten vor sich liegen. Er spürte, wie die kühle, morgendliche Dezemberluft durch seine Nase strömte. Die Decke auf seinem Bauch hatte sich bereits tiefrot eingefärbt. Er fühlte die feuchte Wärme seines Blutes auf seiner linken Hand. Seine Rechte, mit der er sein Handy umklammerte, hatte er in die Jackentasche gesteckt. Von Ferne hörte er das Hämmern eines Spechtes. Außer dem leisen Rauschen des Waldes waren keine anderen Geräusche zu hören. Es lag eine eisige, aber friedliche Stille über dem Waldparkplatz.

Es ist gut, hier zu liegen, dachte er, ich bin frei.

Was ist wirklich Mut?

Horst Babinsky

Wenn alles, aber auch alles verloren ist, wenn es keine Hoffnung mehr gibt und wenn nur noch Leid rundherum sein Dasein fristet, wenn wir nur noch sehen wollen, was Schlimmes auf uns zukommen könnte, wenn wir fühlen, was alles nicht passt – dann brauchen wir Mut, dann kann Mut zu einer unbekannten Größe anwachsen – dann brauchen, dann haben wir Mut.

Mut ist nicht nur ein Wort, Mut ist mehr, als nur einmal Stärke zu zeigen oder nur einmal zu glänzen. Mut ist latent in uns vorhanden. Mut lebt von den Erfahrungen aus der vergangenen Zeit. Wer Mut hat, zeigt das unbewusst jeden Tag, jede Stunde, immer wieder, er strahlt es aus.

95 % der Menschen befassen sich mit Problemen, aber nur 5 % befassen sich mit Lösungen – dazu brauchen wir Mut. Wir brauchen richtig Mut, um zu diesen 5 % zu gehören.

Wer Mut hat, wird in schwierigen Situationen Vorsicht walten lassen, er wird Vorsorge treffen, gesunden Argwohn, Besorgnis und Misstrauen haben. Mit dieser Einstellung verhindern wir von vornherein das Entstehen von Angst. Wer Mut hat, vermeidet Angst, hat vielleicht gar keine Angst.

Angst lähmt jeden Aktionismus, verunsichert und behindert unsere Aktionen. Jeder Ansatz für Mut stirbt mit der Angst. Angst ist hinterlistig und deswegen ein großer Feind der Menschen und ihrer Fähigkeiten. Angst ist Unterdrückung, Gefahr und Bedrohung, Entsetzen und Schreck. Angst ist deswegen oft die Waffe der Herrscher, Machthaber und Peiniger. Sobald Angst droht, ist ein Weg, ein neuer Weg zu suchen und zu gehen.

Es gibt eine Lösung:

Sicherheit, Furchtlosigkeit, Wagemut, Draufgängertum und damit Mut können nur entstehen durch langfristige und konsequente Arbeit an sich selbst. Echtes Vertrauen zum eigenen Ich, zum persönlichen Umfeld und zur Umwelt schafft Mut und damit absolute Selbstsicherheit. Ein Schlüssel ist die Liebe zu sich selbst und die Liebe zu den Mitmenschen, Vertrauen in sich selbst und auch zu anderen. Mut ist zu erlernen, es ist Arbeit an sich selbst.

Mut ist es, das Leben so zu leben, wie wir uns das vorstellen.

Mut ist es, sich anders zu entscheiden als andere oder die meisten.

Mut ist es, auch Dinge zu tun, an denen wir scheitern könnten.

Mut ist es, Vertrauen in seine eigene Intuition, in seine Entscheidungen zu haben.

Mut ist es, etwas zu versuchen, das erfolgversprechend sein könnte, aber es nicht unbedingt sein muss (um später von den Ewiggleichen zu hören: „Ich habe ja gleich gesagt …“).

Mut ist es, eine eigene Meinung zu haben und nicht die der anderen.

Mut ist es, selbständige Entscheidungen zu treffen – nicht wegen der Anderen oder weil es im Mainstream so ist.

Mut ist es, Ideen zu verwirklichen, die noch keiner hatte.

Mut ist es, neue Wege zu gehen, die nicht ausgetreten sind.

Mut ist es, für die Familie alles zu tun, offen vor anderen seine Familie zu bewundern, sofort jede Kritik an Teilen der Familie oder an Freunden zu unterbinden.

Mut ist es, zu seinen Freunden zu stehen.

Mut ist es, sich Ziele zu setzen und sie dann auch in Schritten zu verwirklichen.

Mut ist, einfach Dinge zu leben, die bisher keiner erleben konnte, und

Mut ist es, anders zu sein – vielleicht konservativ / progressiv / visionär?

Mut ist es, „angstfrei" zu sein, wenn wir eine Entscheidung treffen wollen.

Mut ist vielleicht auch der Trampelpfad zum Erfolg.

Das ist Mut, und das ist absolute Freiheit.

Vrwaht

Ingeborg Schmid

dosjenige ischt
asö wor di red
a blattle in wind
      iatz ischt is gschtarbm

wor zweag drfiar
an bamen ze bleibm
dos blattle in wind
      ischt iatz holt gschtarbm

dos wos es konn
hot is blattle geton
oftr isch genuag
      s fluiget mitn wind

Vom Wind gezeichnet

Mit der Zuschreibung,
ein Blatt im Wind zu sein,
gestorben.

Außerstande, sich weiterhin
am Baum zu halten,
einfach gestorben.

Was es imstande war, zu tun,
hat das Blatt getan.
Nun fliegt es mit dem Wind.

Der Krake – eine Geschichte der Angst

Petra Babinsky

Seit geraumer Zeit wohnt er schon in mir. Doch heute fühle ich ihn mit Macht.

Was macht er mit mir?

Sein Kopf wiegt schwer in meinem Magen. Ein Fangarm wickelt sich um mein Herz, ein anderer geht mir an die Nieren. Der dritte saugt sich an meinen Lungenflügeln fest. Ein Krake hat einen Lieblingsarm. Dieser sucht sich einen Weg in meinen Kopf. Die letzten beiden breiten sich langsam aus in die entgegengesetzte Richtung. Einer in mein rechtes Bein, der andere in das linke. Acht Arme saugen sich behutsam sicher fest.

Ich erschrecke, fühle mich wie gelähmt. Ich erstarre.

Ausweglos?

Warum ist er gerade zu mir gekommen?

Warum habe ich ihn eingelassen?

Warum habe ich mich auf ihn eingelassen?

Warum habe ich ihn zugelassen?

Warum habe ich ihm Macht gegeben?

Warum habe ich ihn machen lassen?

Habe etwa ich selbst den Kraken beschworen und in mich gelassen? Ihn eingelassen oder sogar eingeladen?

War ich es, die ihm die Möglichkeit gegeben hat, sich auszubreiten und festzusaugen?

Warum habe ich das getan?

Ich denke nach, gehe ein Stück zurück auf meiner Lebenslinie.

Außergewöhnlich mutig war ich nie – und doch habe ich mich einiges getraut.

Wann kam die Angst? Wann habe ich mich immer weniger getraut und mir immer weniger zugetraut?

Wann habe ich mir nicht mehr vertraut und anderen nicht mehr vertraut?

Wann habe ich mein tiefes Gottvertrauen verloren?

Wann habe ich angefangen, mich fallen zu lassen und mir leid zu tun?

Selbstmitleid. Was ist mit Mitleid? Der Krake tut mir leid. Wie fühlt er sich in seinem Gefängnis? In diesem selbstgemachten Gefängnis? In einem schwachen Körper ohne Vertrauen, Zutrauen und Zuversicht?

Kann ich loslassen? Will ich loslassen? Traue ich mich?

Ich fange an, ich wage es und tue es Schritt für Schritt.

Ich fühle meine Arme. Ich entspanne den rechten und den linken Arm. Ich warte, bin aufmerksam. Was passiert? Es bitzelt und kribbelt. Weiter schicke ich ruhige Gedanken in meine Beine. Es löst sich etwas. Die Saugnäpfe verlieren ihr Vakuum. Ich überlege nicht lange und habe einen der schönsten Tage in meinem Leben in meinem Gedächtnis. Ich rufe den Ort in meine Erinnerung, die Situation und spüre hinein. Wohlig breitet sich das Gefühl in mir aus. Wie ein helles Licht durchströmt es plötzlich meinen Körper. Ich spüre, wie sich meine Mundwinkel entspannen und ein dankbares Lächeln in mein Gesicht zaubern. Mein Kopf wird leicht und leichter. Der Fangarm gleitet zusehends zurück, lässt mein Hirn frei. Die Blockade fällt. Mein Herz wird warm. Die Wärme scheint den Tentakel förmlich abzulösen. Mein Herz ist nicht mehr gefangen. Mit jedem Atemzug lässt der Druck auf meine Lunge nach. Ich atme tiefer und tiefer, ruhiger und ruhiger. Der untere Rücken wird leichter. Die Nieren sind befreit. Die letzten beiden Fangarme sind gegangen, der Schmerz ist gegangen.

Ich habe tatsächlich losgelassen. Ich habe mich getraut, ich habe es getan. Ich habe sie abgeschüttelt, die Fangarme des Kraken. Ich bin stärker und sicherer.

Jetzt werde ich mich auch noch trauen, diesen Kraken zu verdauen!

As Glück

Karl-Heinz Austermayer

As Leb'n mua ma nehme, wia's grad kimmt,
da is oan da Ablauf halt irgendwia vorbestimmt,
ob lang, ob kurz – ob traurig, ob sche,
ois duat seine vorbestimmt'n Bahnen geh'.

Da Oane is g'sund – da Andr're oft krank,
desselbe guit a für d'Liab und a für'n Zank,
ma hat sein Schicksal halt net in da Hand.
Und manche Ziele vo'laf'n ganz oafach im Sand.

As Weda mua ma im Leb'n nehma,
wia's halt grod a so duat kemma,
ma mua für die schöna Tag danka – die schlecht'n übersteh,
und so mit'n Wechsel durch's Leb'n geh'.

Ma denkt se oft, es werd schon net so schlimm werd'n
wenn ma von an ankommenden Unwetter mua hör'n.
Ma hat zwar davor a g'wisse Angst,
aber es huift ja nix, wenn'st a Verschonung volangst.

A Prüfungen müass'n erst g'schrieb'n sei',
und a do san oft große Sorgen mit dabei.
schaff' i's oder schaff' i's net -
wenn i vo'sag', guit i als blöd,
doch a des kon überstand'n werd'n
und duat dann schnell zur Vo'gang'nheit g'hör'n!

Hat ma dann ois erreicht, was ma woit
und is word'n rechtschaffen oid,
denkt ma vielleicht manchmoi an sein' Lebensla'f z'rück
und erkennt dabei schnell – ma braucht halt für ois – a bisserl a Glück.

Habe ich einen Grund, nicht glücklich und zufrieden zu sein?

Horst Babinsky

Unsere Tochter kommt von der Schule nach Hause, ein Schulfreund hat sie im Auto mitgenommen. Der erste Schultag in diesem Jahr. Das erste Schulhalbjahr ist erst einmal Ablage und das neue Jahr zeigt jetzt schon seine Zähne. Der Sprecher im Radio nervt uns mit unangenehmen Neuigkeiten. Schade, wir wollen ein harmonisches Abendessen. Wir genießen es trotzdem, eine fantastische Brotzeit. Ich trinke ein Löwenbräu.

Unsere Tochter will noch ein wenig reden. Sie ist im Abiturjahr, und heute war ihre erste Präsentation. Das Ergebnis mit 12 Punkten zerrt an ihren Nerven. Sie findet, der Vortrag war 15 Punkte wert. Für mich wären 12 Punkte ein außerordentliches Resultat, für sie eben nicht. Unzufrieden! Ja, da ist auch noch so viel Anderes, schlimme Dinge, die sie beschäftigen.

Ein Schüler aus der Nachbarschule ist ertrunken, ein Mädchen hat sich vor den Zug geworfen, Andreas weiß mit seinem Leben nichts mehr anzufangen, Georg ist Punk und weiß nicht ob er nun auf die Demonstration gehen soll oder nicht. Lisa dreht am Rad, weil es mit den Eltern nicht stimmt, und Vera hat Angst vor Kontakt mit anderen, usw. usw.

Es scheint, unsere Tochter will allen mit ihrer sensitiven Begabung helfen. Sie weiß, sie kann das. Manchmal geht es dann doch an ihre Grenzen. Jeder bei uns in der Schule, sagt sie, hat riesige Probleme, jeder hat Angst, fast alle kommen nicht mehr mit sich selbst und der Umwelt zurecht. Viele gehen auf Demos und wissen in Wirklichkeit gar nicht, warum. Jeder braucht schon fast einen eigenen Psychologen, doch es gibt keine mehr, sie sind überlastet.

Unsere Jugend hat nicht gelernt, welchen Weg sie einzuschlagen hätte. Immer mehr wird verboten, es wird kontrolliert, und es ist niemand da, mit dem geredet werden kann. Nur noch Negativschlagzeilen, Krankheit, Umweltzerstörung, Inflation und dann noch die eigene Negativspirale nach unten. Die Kinder unserer Zeit haben keine Zukunft mehr, oder besser gesagt, sie haben nicht gelernt, die Zukunft zu sehen – der Optimismus wird ihnen mit Negativzeilen täglich genommen. Sie wissen gar nicht, dass es ihnen sehr gut geht, es sagt ihnen keiner. Alle erzählen nur, wie schlimm alles ist. Ein Freund ist Rettungssanitäter und erzählt, ein Mädchen haben sie heute geholt, sie hatte Rasierklingen verschluckt – warum, warum?

Dabei kann alles ein wenig anders ablaufen – wenn wir es nur wissen, wenn es uns gesagt wird – wenn wir es lernen. Das Glück und der Erfolg im Leben hängt nur von uns und von unseren Gedanken ab. Wir können alles erreichen, was wir und wenn wir wollen. Wir müssen es nur wirklich wollen.

Das Leben beweist uns, dass riesige Erfolge möglich sind und immer wieder möglich sein können. Es gibt viele Beispiele großer Erfolge durch Gedanken, Willen und eigener Disziplin. Ich habe von Freunden eine Geschichte gehört, die ich erzählen werde. Ich habe nachgeprüft, ob sie tatsächlich stimmt, ich kann mich sogar daran erinnern.

So werde ich in kurzen Worten dieses Leben eines wertvollen Menschen erzählen, von dem ich sehr erstaunt gehört habe.

Eine Familie hatte 22 Kinder. Ein Mädchen kam als 20stes Kind und dann auch noch als Frühchen auf die Welt. Die Familie war eine schwarze Familie in Slums in Amerika. „Schwarze" waren damals nichts wert. Dieses Mädchen erkrankte dann auch noch mit vier Jahren an Kinderlähmung, holte sich eine Lungenentzündung und zusätzlich Scharlach. Eines ihrer Beine war nicht funktionsfähig, und es war klar, sie würde nie mehr richtig gehen können.

Das kleine Mädchen erhielt eine Beinschiene, und ab diesem Zeitpunkt war sie behindert. In der Klinik wuchs sie weiter auf, sie humpelte aus dem Bett und versuchte zu gehen. Immer wieder stolperte sie trotz Krücken und lag hilflos auf dem Boden. Da sie es eigensinnig immer wieder versuchte und ins Bett zurückgebracht werden musste, hat man sie angeblich an das Bett gebunden.

Jetzt begann ihr Wille zu wachsen, jetzt wurde sie innerlich stark, jetzt begann ihr Widerstand. Sie fand einen Weg, sich vom Bett zu befreien, und stieg in der Nacht zum Fenster hinaus. Warf ihre Krücke zu Boden. Jede Nacht, Meter um

Meter, Schmerz über Schmerz, täglich wurde es ein bisschen mehr und mehr. Sie wollte. Sie gab nicht auf, sie entschied das alleine für sich. Sie war im Wettbewerb mit sich selbst.

Sie wurde in der Nacht entdeckt und sofort zu ihrer angeblichen eigenen Sicherheit in ein anderes Zimmer ohne Fenster, nur mit Oberlicht, verlegt. Doch auch das hinderte sie nicht. Mit ihrem unbändigen Willen überwand sie sogar das Oberlicht und fand einen Weg ins Freie. Sie wollte einfach laufen können wie jeder andere. Nacht für Nacht und tagsüber wunderte man sich in der Klinik über ihre unerwarteten Fortschritte.

Sie durfte zu ihrer Familie zurück, weil sie wieder gehen konnte. Täglich trainierte sie weiter, spielte mit ihren Brüdern Basketball und zeichnete sich durch Schnelligkeit und gute Bewegung aus. Dann geschah etwas Außergewöhnliches. Ein Trainer mit gutem Auge erkannte ihr Talent. Sie war auf einmal Jemand, sie hatte auf einmal Anerkennung, das beflügelte sie mehr und mehr. Sie lief und lief – sie war unerreicht – drei Goldmedaillen 1960 – Sportlerin des Jahres 1960, die schwarze Gazelle. Es war Wilma Rudolph. Ich erinnere mich an ihr gelöstes, fast seliges Lächeln in die Kamera, als sie die Ziellinie vor allen anderen überlief. Sie war außerdem ein fantastischer Mensch, charmant, freundlich und beliebt. Sie half vielen anderen auf dem Weg zu ihrer sportlichen Größe. Und so kann ich nur sagen:

Welchen Grund könnten wir noch haben, nicht erfolgreich zu sein?

„Schlussakkord" oder oafach „Wos bleibt?..."

Karl-Heinz Austermayer

Wos bleibt vom Leb'n – wenn ma amoi geht?
I woaß net – wia ma dazua steht....

Is ma g'liabt word'n und werd vo'misst
und vo'spricht ma gar, dass ma oan nia vo'gisst
oder is alles nur Schall und Rauch
und ma sagt des nur – weil's is' - a oider Brauch?

Ma frogt se, hot ma im Leb'n wos g'leist' und hat's wos bracht
hat ma iatz mehrer richtig oder öfter's wos Falsches g'macht?
Des kon jeder wohl a bisserl anders seg'n
je nach dem, wia gern ma den Menschen hat mög'n...

De oaner sog'n – er war a feiner Kerl – oiwei liab und nett
andere moanen wieder – dass koa Grund für übermäßiges Lob besteht
des is oft Ansichtssache – grad wia's a so is
beides is möglich – doch nix is g'wiss...

So woaß ma net, wer am Schluss no an oan denkt
und oan – vielleicht no an Nachruf schenkt
es is a nia sicher – ob am End' no wer nach oan schaugt
drum leb' dei Leb'n – so wia's da grad daugt!!

Alles wird gut

Hans-Peter Kreuzer

Ängste schleichen durch das Land.
Sorgen drücken aufs Gemüt.
Allseits Dummheit statt Verstand.
Im Schatten eine Rose blüht.
So wie diese Rose lebt,
wie sie verströmt noch ihren süßen Duft,
wenn unter ihr die Erde bebt
und Todesangst liegt in der Luft,
so blüh` auch du mit frischem Mut.
Alles wird gut.

Lebensquell

Marion Liedtke

Ist fest oder flüssig
heiß oder kalt
weich oder kalkig
Regen oder wolkig,

kann plätschern und tosen
prasseln, nieseln, sogar schneien,
mag schmückende Seerosen,

kann waschen, duschen, baden
ist Ozean, See, Teich, Pfütze, Meer
kann auch Wellen schlagen,

ist Eisplatte, Würfel oder Berg
kann auch gegessen werden,
ist fließender Fluss
mit oder ohne Prickeln ein Genuss!

Warum stehst du nicht auf?
Los!

Lieber

Wolfgang Rendl

Lieber alles
um sich herum
und darüber hinaus
lieber die Welt
verändern
und was es
es sonst noch gibt
sich zurechtlegen
nach vor hinter
dem eigenen
Geschmack
sich gefügig machen
lieber das Universum
und alle Moral
eigenen Maßstäben
anpassen

als sich selbst
zu hinterfragen
oder gar
igitt
zu verändern.

Die Frau im Kastl

Elisabeth Thielemann

A Frau sitzt im Kastl und schaugt beim Fensta ausse. Des oanzige, wos s siegt, is a Fliaga, der am Himme drom aufblietzt. Irgnd eppas brennt in ihra, es lodert, aba glei aso, daß wäh duat. In ihram Kastl siegts bloss Wendt und gschpiert lauta Mauern. Sie is ned glückle, fuit si eikastlt.

I sog zu ihra. „Ja gruzinäsn, wannst ned glückle bist, na ria di!! …. Des Glück kimmt ned vo alloa! Heb dein Hintan auf und gää ausse, ausse in de große weide Wejd. Schaug d`as oo und saugs eini in di!“

Und naacha hod se s do! Sie is wirkle ausse, aussi aus ihram Kastl, aussi in de Wejd und hod an Hauffa gsägn, ghört, grocha und gschpiert, neie Leid kennaglernt und übaroi wars andas schee. Aba sie hod aa gschpannt, daß, wurscht wos a hikemma is, übaroi grood mid Wassa kocht werd!

Und irgndwann hods gschpiert, daß irgndeppas in ihra brennt, lodert, aba glei aso, daß wäh duat. Und naacha is zruckkemma, zruckkemma in ihra Kastl.

Sie sitzt am Fensta und schaugt ausse. Sie siegt de greana Baam, riacht des Groos vo da Wiesn, heat des Brumma vo de Hummeln in de blieradn Bleamal und de Veegal singa! In ihram Kastl siegts koane Wendt mehr und gschpiert koane Mauern mehr. Sie fuit si glückle, geborgn, is okemma! Und sie sinniert:

„Mei, bi i frou, daß i mei Kastl hob!“

Schwere Zeiten

Sepp Obermüller

Schweres Leben, Schicksal weben:
Widerstreben? Ruhe geben?

Der Kummer groß, so ausweglos.
Frag rigoros: Was mach ich bloß?

Dunkle Phasen in Übermaßen.
Trübsal blasen, Hoffnung lassen.

Sorgen plagen, Unbehagen.
Schicksal tragen, niemals fragen.

Zu allen Zeiten dich begleiten
schwere Leiden, nicht zu meiden.

Tiefste Schwärze, erloschen die Kerze,
wehes Herz, voller Schmerze.

Wo ist ein Licht? Ich sehe es nicht.
Zentnergewicht, das Herz zerbricht.

Ein Jahr später.

Der Ausweg: Los!
Den Ausweg starten,
Freiheit erwarten.
Der Schmerz, er vergeht
vom Winde verweht.
Nebel sich lichtet,
vorwärts gerichtet
sind meine Blicke.
Schicksals Geschicke
schwer zu erahnen!
Auf neuen Bahnen
läuft nun mein Leben.
Dinge erstreben,
die erst verborqen,
frei von den Sorgen
Freiheit erhalten.
Leben qestalten!

Da erschdd Schriid

Robert X. Gapp

Ehvorst an zwoaddn Schriid duasd,
muaßd zerschdd amoi an erschddn doa –
und vorm erschddn Schriid soiddadsd schaung, wo s higehd.

Wannsd füa de Umwäiid, an Friedn und geeng de Noud ebbs doa wuisd,
nacha huiffds nix, wannsd grod mid de andan midlaaffsd –
und laud de Paroiin vo deene midplärrsd.

Vui gscheida is s do fei scho,
wannsd zerschdd amoi bei dia oofangsd und schaugsd,
obsd du säiim ebbs dafüa doa kosd.

S Midlaaffa und s Midschrein war no nia des Gscheida,
und da zwoadde Schriid vorm erschddn scho glei gor ned! –
Und an erschddn Schriid muaßd scho du alloa doa.

Der erste Schritt

Vor dem zweiten Schritt
musst du erst einmal den ersten machen –
und vor dem ersten Schritt solltest du schauen, wo es hingeht.

Wenn du für die Umwelt, den Frieden und gegen die Armut etwas tun willst,
dann hilft es nicht, nur mit den anderen mitzulaufen –
und laut deren Parolen zu grölen.

Viel sinnvoller ist es,
zuerst bei sich selbst anzufangen und zu schauen,
ob man etwas dafür tun kann.

Mitzulaufen und mitzugrölen war noch nie das Gescheitere,
und der zweite Schritt vor dem ersten schon gleich gar nicht. –
Und den ersten Schritt musst du schon alleine machen.

Ja und Aber suchen einen Ausweg

Ein Zwiegespräch

Horst Babinsky und Uta Grabmüller

Ja: Das ist wirklich ein Riesenproblem, was du mir da erzählst. Was kannst du dran ändern? Denk mal drüber nach, was *du* willst.

Aber: Was *ich* will? Das spielt doch gar keine Rolle.

Ja: Doch, klar spielt das eine Rolle. Wenn du dagegen bist, sag es.

Aber: Aber … was macht es schon aus, wenn ich was anderes will als die Anderen?

Ja: Naja, vielleicht denkt jemand anders auch so wie du. Außerdem ist das, was *du* willst, ja am wichtigsten für *dich*.

Aber: Aber ich weiß nicht genau, was ich will.

Ja: Darauf kommt's halt an. Find es raus. Und dann: leg los.

Aber: Aber woher soll ich wissen, ob das, was ich mache, richtig ist?

Ja: Du hast dir ja gut überlegt, wo du hinwillst, und fängst an mit deinem Weg. Dann siehst du ja, ob du auf Zustimmung und Erfolg triffst. Wo es schwierig wird, ändere etwas.

Aber: Ändern? Ich soll dauernd was ändern?

Ja: Ja. Mach dir klar, wo du stehst und was dein Ziel ist. Dahin musst du den Weg suchen, vielleicht auch mal abbiegen oder umdrehen. Und dich umschauen, wo die anderen stehen. Und sie mitnehmen.

Aber: Und wenn keiner mitmacht?

Ja: Dann denk nach: Vielleicht haben sie ja auch eine bessere Idee für das Ziel. Dann kannst du ihren Weg gehen. Aber nur, wenn er für dich passt. Sonst überzeuge sie von deiner Lösung.

Aber: Das ist ganz schön schwer.

Ja: Nicht, wenn du deinen eigenen Willen kennst und dabei ein gutes Gefühl hast. Und dich schlau gemacht hast, wie die Umstände sind und was möglich ist.

Aber: Aber die Anderen?

Ja: Die Anderen sind für sich selbst verantwortlich. So wie du für dich. Ändern kannst du nur dich selbst. Und du hast auch am meisten von einem guten Ergebnis. Gut für dich.

Aber: Gut für mich, meinst du?

Ja: Ja. Dann hast du ja auch am meisten Kraft. Und kannst dich sogar noch um die Anderen kümmern, damit es denen auch gut geht. Das schaffst du dann auch noch.

Aber: Ich sag's nicht gern, aber ich glaube, du hast Recht.

ausweg in uns

Katalin Jesch

das los

das wir ziehen

auch verpfänden

brennen

im mörtel der gedanken

ziegel

mit trotz und eigensinn

in worten in taten

lernen

die fähigkeit

selbst

für ein erfülltes leben

zu sorgen

eine friedliche möglichkeitswelt
im kleinen
als kontrast zur verhängnisvollen
realwelt
im großen
bauen
zu unseren rahmenbedingungen

damit wir die last der vergangenheit
nicht einander aufhalsen
gehen wir der wahrheit voraus
stellen fragen nach dem sinn
berufen wir uns auf die zukunft
im rad der vergänglichkeit
von kreativität getragen

mit allen überaschungen
die in uns stecken
wandeln wir
in den widerständen der zeit
öffnen mit der hoffnung
die tür zum glück

Irrgarten Leben

Eine Philosophie vom Ausweg in sich selbst

Mona Babinsky

Das Leben ist ein einziger Irrgarten, bestehend aus Sackgassen. Sackgassen, aus welchen wir schnell keinen Ausweg finden. Aber gibt es denn wirklich keinen Ausweg? Oder fehlt uns nur die passende Perspektive?

Einen neuen Blickwinkel auf etwas haben … einen kühlen Kopf bewahren… Das sind alles Ausdrücke, die wir gerne einmal anderen sagen oder die wir selbst hören, wenn vor uns eine imaginäre Wand aufzieht. Solche Phrasen sind schnell gesagt, helfen aber einer Person in einer scheinbar ausweglosen Situation nicht viel weiter.

Was ist denn nun dieses "Ausweglos"? Eine Situation, in der wir uns gefangen und machtlos fühlen. Es gibt keinen Weg vor oder zurück. Meine These ist jedoch, dass es kaum möglich ist, sich wirklich in einer ausweglosen Situation zu befinden. Das Wort "Ausweglos" alleine spaltet sich in "weg" und "los" auf. Das „Los" kann wie eine Aufforderung gesehen werden und nicht nur wie eine Negierung.

Nun sind aber ausweglose Situationen für die jeweilige Person in der Tat ausweglos, zumindest im Geiste. Wir befinden uns nur in einer Situation ohne Ausweg, wenn wir diese auch so wahrnehmen. Der Ausweg in der Realität ist sehr oft klar ersichtlich, der Ausweg aus dem eigenen Mindset jedoch nicht. Dieses Gefühl kennen wir selbst gut genug: Wer sich einmal auf eine Meinung oder Tatsache versteift hat, tut sich schwer, die Wahrheit oder einen anderen Blickwinkel zu entdecken. Diese Eigenschaft will ich nicht kritisieren, sie gehört zum Mensch-Sein dazu. Hier geht es mir darum, dass sich die Ausweglosigkeit tatsächlich im Geist und nicht in der Situation direkt befindet.

Nun ist es also wenig effektiv, jemandem zu sagen, er solle einen kühlen Kopf bewahren, wenn er nicht in der Lage ist, diesen Ratschlag voll wahrzunehmen und zu akzeptieren. Eine ausweglose Situation können wir also kaum durch Phrasen vom „kühlen Kopf" bewältigen, es ist mehr ein Beruhigen des Menschen, der sich hilflos vorkommt. Es geht darum, einem nahestehenden Menschen beizustehen und ihn spüren zu lassen, dass er nicht alleine ist. Hilfe ist da! Der Weg zu Hilfe oder zu einer besseren Situation ist omnipräsent, vielleicht nicht wortwörtlich, wenn wir uns in einer Sackgasse befinden, aber er ist in den Menschen zu finden, die uns umgeben. Wir sind nicht alleine.

Nun zurück zu meinem Bild vom Irrgarten. Wir befinden uns, scheinbar ausweglos, vor einer geschlossenen Wand. Was sich aber an der Situation geändert hat, ist unsere Wahrnehmung vom Umfeld. Denn wenn wir uns nun, gestärkt durch Mitmenschen wie Freunde und Familie, der Herausforderung annehmen, dann erkennen wir: Es gibt einen Weg nach draußen. Und wir werden ihn finden!

Gesetze des Lebens

Jo Holzhauser

Sind drei Gesetze des Lebens
so alt und so klar wie das Licht
Es lebt der Mensch, der sie achtet
und es stirbt der Mensch, der sie bricht
.

Wisst, dass im Anfang das Teilen
so karg und so hart und so rar
schon bei Archaeen und Viren
steter Motor des Lebens war
..

Es wird auch in jeder Figur
Zuwenden, Spenden sich zeigen
Kraft, Liebe und Herz von Natur
nie einem Ende sich neigen

...

So glaube, hoffe und liebe

noch in Schmerzen, Trauer und Not

dankbar sing, segne und tanze

in Freuden hohnlache dem Tod

Das sind Gesetze des Lebens

so alt und so klar wie das Licht

gesetzt allen Wesen, es lebt

wer sie achtet, stirbt wer sie bricht

Das Gedicht ist inspiriert von Rudyard Kiplings „Gesetz des Dschungels" aus dem „Dschungelbuch" (1895).

Wenn ich mal nicht mehr entscheiden kann

Anni Stiegler

Der Arzt schaut auf das Namensschild am Fußende des Bettes.

«Na, wie geht's, Frau Tillmann?»

Der Chefarzt! Ein Händedruck, immerhin.

«Gute Frage!», antwortet meine Mutter. Sie versucht, Blickkontakt aufzunehmen.

«Wer nie sein Brot mit Tränen aß, wer nie in kummervollen Nächten...»,
deklamiert sie.

Der Arzt zieht die Augenbrauen hoch. «Wie alt sind Sie?»

«Dann schätzen Sie mal! Siebzig, achtzig, neunzig, hundert, Methusalem, für Sie
bin ich uralt.«

Er dreht sich um zur Schwester: «Was kriegt sie?»

«Valoron 500!» Die Schwester weiß es auswendig, aber sicherheitshalber schaut
sie in die Akte! Sie nickt und lächelt meine Mutter an.

«Wo sind Sie geboren?» Der Arzt vergräbt lässig die Hände in den Kitteltaschen,
der offene Kittel verrät Freizeitkleidung. Gleich wird er joggen gehen.

Mit geblinzelten Augen, bemüht, das Namensschild auf seiner Brust zu lesen,
antwortet sie:

«Ich versteh' Sie so schlecht. Und Sie, wo sind Sie geboren Herr Doktor, im Iran oder Pakistan?» Wie sie darauf kommt? Im Hotel hatte sie einmal Gäste aus Teheran und aus Karatschi.

Der Arzt fühlt ihren Puls am Fußknöchel.

«Wissen Sie, wo Sie hier sind?»

«Nee, aber ich geh' dann bald!» Meine Mutter versucht, sich etwas aufzurichten.

«Und warum Sie hier sind, wissen Sie das?»

«Sagen Sie's mir. Sie haben mich doch operiert.»

«Haben Sie Schmerzen?»

«Geht so!»

«Wir müssen noch mal an die Wunde!»

«Wenn Sie's sagen! Kann ich's nicht ändern.» Der Arzt schlägt die Bettdecke zurück.

«Nach Frauenglut misst Männerliebe nicht, wer Mann kennt und Frau, Sappho von Grillparzer. Kennen Sie das?» Wieder ergreift sie die Triangel am Bett-Galgen, bemüht, sich aufzusetzen. Und während sich der Arzt vorbeugt, die Wunde inspiziert, sagt sie: «Eine Frage mal Herr Doktor: Sie haben da was am Kopf, auf Ihrer Stirn, warum lassen Sie sich das nicht wegmachen?»

Mit den Worten: «Sieht gut aus!», überlässt der Arzt das Verbinden der Krankenschwester. Doch bevor er sich zum Gehen abwendet, fragt er:

«Frau Tillmann, haben Sie eine Vorsorgevollmacht?» Dabei schaut er mich erwartungsvoll an.

«Wieso, wofür?», fragt meine Mutter.

«Na, wenn Sie mal nicht mehr selbst entscheiden können.»

«Dann bin ich tot!», antwortet meine Mutter.

Das Problem mit der Größe

Wolfgang Rendl

Eine stolze Maus hatte wieder einmal ihre bescheidene Bleibe durch ihr Loch verlassen und war auf der Suche nach Essbarem in der angrenzenden Wohnung. „Ihren Zehnt einholen", nannte sie das verschmitzt für sich. Sie ließ sich reichlich Zeit hierfür, da Menschen und Hauskatze gerade abwesend waren. Dabei kam sie auch wieder einmal ins Grübeln und fand es ewig schade, dass sie so klein war. Wie viele Möglichkeiten würden sich erst eröffnen, wenn sie größer wäre! Da erschien ihr auf einmal eine Fee. Eigentlich war die Maus zunächst eher wütend auf diese. „Warum ist sie nicht schon viel früher gekommen?", dachte sie für sich. Feen können Gedanken lesen, doch diese ließ sich nichts anmerken und fragte die Maus nach einem Wunsch. „Warum habe ich denn nicht drei Wünsche?", kam ihr zunächst vorwurfsvoll entgegen. Die Fee wiederholte geduldig ihre Frage. Die Maus erwiderte: „Also gut, wenn ich schon nur einen einzigen Wunsch habe, dann möchte ich viel, viel größer sein… sagen wir: die größte Maus weit und breit." Auf das Maussein wollte sie nicht verzichten. Die Fee fragte, ob sie sich dessen sicher sei, und die Maus bejahte, ohne groß nachzudenken. Schon war die Fee verschwunden und die Maus wuchs tatsächlich sofort über sich hinaus. Doppelt so groß war sie nun und auch ihr Stolz auf sich war entsprechend mitgewachsen. Noch ein wenig größer wäre nicht schlecht gewesen, doch entspräche das ja keiner Maus. Die Äpfel und Birnen in der Fruchtschale waren auf einmal mühelos hochzuheben, ja, sie ließen sich sogar jonglieren. Da hörte die Maus plötzlich die Rückkehr der Katze, die ohne zu zögern ihre Verfolgung aufnahm. „Kein Problem!", dachte die Maus, „Mein Vorsprung ist groß genug!" Wie erstarrte sie aber vor Schreck, als sie bemerkte, dass sie gar nicht mehr durch ihr Loch passte! Die Katze verspeiste sie mit Wohlgenuss.

Frieda Federbein

Irmelind Klüglein

Frieda Federbein saß mit unzähligen Legehennen in einem großen Stall. Aber sie war anders, schon deshalb, weil sie kleine weiße Federn an den Beinen trug.

An jedem zweiten Tag durften alle Hennen nach draußen, um in dem Hühnerhof zu scharren und zu laufen. Einmal fragte Frieda ein altes braunes Huhn: „Sage mir, was ist dort hinter dem Hühnerzaun? Was ist dort für eine Welt"?

„Was kümmert dich diese Welt. Sei froh, dass du überhaupt unter freiem Himmel sein kannst. Es gibt Schwestern, die ihr Leben lang nie Sonne sehen. Sie sind eingesperrt in enge Kästen, müssen hinten Eier legen und vorne fressen. Sei dankbar, dass du herumspazieren und scharren kannst," gurrte das Huhn, spreizte seine kurzen Flügel und ging mit langen Schritten quer durch den Hof davon.

In der Nacht träumte Frieda von der Welt hinter dem Zaun. Wie schön musste es dort sein, wo der Himmel nie endet.

Eines Tages, als sie wieder an dem Zaun entlang scharrte, sah sie auf der anderen Seite ein Tier, das vier Beine hatte. Statt der Federn trug es weiche Haare am ganzen Körper.

„Wer bist du? Du siehst ja ganz komisch aus!" gackerte Frieda hinaus.

„Was für ein Geschwätz. Man merkt, dass du ein dummes Huhn bist. Du hast keine Ahnung von der Welt, sonst würdest du mich kennen, mich, den alten Kater Kasimir", antwortete das Felltier.

„Was kann ich dafür. Ich komme hier nicht heraus. Da kann ich so tiefe Löcher in den Boden scharren, wie ich will."

„Vielleicht solltest du fliegen, du bist doch ein Vogel", meinte der Kater.

„Fliegen? Keine von uns kann fliegen", schüttelte Frieda den Kopf.

„Natürlich können Hühner fliegen. Also bewege deine Flügel, du dummer Scharrfuß!", sagte der Kater und sah Frieda mit seinen grünen Augen an.

„Gut, ich kann es ja versuchen", gackerte Frieda, „komme einmal wieder vorbei".

Am Abend im Stall schlug sie wie wild mit den Flügeln. „Du dumme Pute, höre auf, so einen Staub zu machen. Setze dich hin und gib Ruhe, sonst kommst du gleich in den Suppentopf von unserem Bauern", riefen die alten Tanten.

„Aber ich muss üben, ich will über den Zaun in eine andere Welt!"

„Hat man so etwas schon gehört, diese junge Göre bildet sich ein, sie könnte das Fliegen lernen. Keine von uns kann fliegen. Also nun halte dich still, sonst hacken wir dir die Augen aus!", schimpfte ein mageres Huhn, dem die Brustfedern fehlten.

Als sie wieder in den Hof durften, stieß sich Frieda viele Male vom Boden ab, ruderte mit den Flügeln in der Luft herum, und tatsächlich, einmal hob sie ein wenig ab.

Ich bin zu schwer. Ich darf nichts mehr fressen, dachte Frieda. Wenn sie einen Wurm fand, so überließ sie diesen ihren Schwestern, und am Abend hastete sie nicht wie alle anderen zum Futtertrog. Sie wollte fliegen. Sie wollte weg hier, hinaus in die Welt. Sie sprang und flatterte täglich, bis sie ermüdet zu Boden fiel.

„Mit dir nimmt es ein böses Ende, du wirst eines Tages den Hunden zum Fraß vorgesetzt, weil du keine Eier mehr legen kannst, wenn du nichts frisst und nur herumflatterst", schimpfte die alte, dicke Eulalie. Frieda Federbein glaubte ihr nicht, sie wollte fliegen.

Nach ein paar Tagen saß der Kater Kasimir wieder hinter dem Zaun. „Na, wie steht`s?", maunzte er. „Es ist schwer. Ich übe und übe, aber ich komme nicht hoch genug", jammerte Frieda.

„Übe weiter, es wird schon. Ich komme wieder, wenn Vollmond ist."
Frieda übte und übte. Sie ließ die alten Hühnertanten lästern und spotten.
Nach einigen Tagen wartete der Kater am Zaun und fragte: „Wie geht es?"
„Ich fliege schon fast so hoch wie der Zaun", freute sich Frieda.
„Gut. Morgen Nacht komme ich, dann wirst du es versuchen", schnarrte Kater Kasimir.

„Komme nicht zu spät. Nachts schleichen Fuchs oder Marder herum", gackerte Frieda.

Am nächsten Abend kletterte sie nicht mit den anderen auf die Sitzstange im Stall. Sie wartete am Zaun, bis der Kater Kasimir auftauchte.

„Zweimal hüpfst du hoch, beim dritten Mal setzt du deinen Flug an. Los, los, du schaffst das", maunzte der Kater.

Frieda legte los, eins, zwei – DREI. Sie flatterte hoch, schlug heftig mit den Flügeln, gelangte bis auf den Zaun, saß einen Moment unsicher oben, segelte in die Freiheit.

„Toll gemacht. Alle Achtung", sagte der Kater und war selbst ein wenig stolz.

„Aber wo soll ich denn jetzt hin. Du musst bei mir bleiben, sonst werde ich gefressen", sagte die Frieda ängstlich.

„Komme mit, wir übernachten zusammen in der alten Scheune", sagte Kasimir und führte Frieda dort hin.

Am nächsten Morgen tanzte Frieda vor Freude in eine weite Wiese hinaus. Sie scharrte in dem weichen Boden, zerrte einen dicken Regenwurm heraus und verspeiste ihn. „Ich bin frei, frei, frei. Meine Welt ist groß und weit", gackerte sie laut.

„Du darfst nicht so schreien. Wenn der Bauer dich hört, fängt er dich wieder ein", mahnte der Kater. Frieda nickte.

Später fragte sie: „Was soll jetzt mit mir geschehen? Hast du darüber auch schon einmal nachgedacht, du Weichpelz?"

„Nein, man macht einen Schritt nach dem anderen. Am besten wäre es, wenn wir weit weg wandern, in eine andere Gegend", schlug er vor.

So wanderten sie lange, bis sie an den Rand einer Stadt gelangten. Dort standen mehrere kleine Häuser mit Gärten. Frieda flog auf den Gartenzaun und entdeckte ein Gemüsebeet.

„Ah, was für herrlicher Salat;" juchzte sie und - schwupp – war sie dort. Hungrig fraß sie die zarten, grünen Blätter. Sie vergaß den Kater und ihre Vorsicht.

Plötzlich wurde sie von zwei großen Männerhänden gepackt. Ihr verschlug es die Sprache.

Zwei Kinder eilten herbei und riefen: „Oh, ein Huhn, ein Huhn. Dürfen wir es behalten?"

„Wenn wir einen Stall finden", sagte der Mann.

Bei ihrem Nachbarn stand noch ein altes Hühnerhaus, in dem sie Frieda ein weiches Strohbett machten. Die Kinder trugen ihre Frieda umher, setzten sie sich auf dem Kopf und balancierten mit ihr über Baumstämme. Einmal nahmen die Kinder sie sogar mit in die Schule. Frieda war eben ein besonderes Huhn. Sie war glücklich. Und zum Dank legte sie den Kindern fast jeden Tag ein dickes Ei in das Nest.

Neue Schuhe

MaxSy Multerer

Ich brauche Schuhe. Dringend.

Der heutige Tag im Krankenhaus war zum Kotzen. Dem Patienten wurde bei der Morgenpflege übel. Das geschah nicht das erste Mal. Aber es war das erste Mal, dass ich meine Füße nicht in Sicherheit bringen konnte. Berufsrisiko. Nicht weiter dramatisch. Aber deshalb brauche ich neue Schuhe. Nicht irgendwelche Schuhe. Arbeitsschuhe. Das ist sehr wohl dramatisch.

Verstehst du nicht? Macht nichts.

Seit einiger Zeit gibt es Begriffe in meinem Leben, mit denen ich bisher nicht viel bis gar nichts zu tun hatte. Dazu gehören ct-Wert, Inzidenz, PCR-Test, Grenzschließung, systemrelevant. Ich bin systemrelevant. Mein Beruf als Pflegerin im Krankenhaus ist systemrelevant.

Seit dem Ausruf der Corona-Pandemie bin ich mir auch der Grenzen bewusst. Und zwar der Landesgrenzen innerhalb der EU. Die wurden nämlich geschlossen. Auf einmal brauchte ich einen Passierschein, der mir bescheinigt, dass ich auf Grund meiner Systemrelevanz in Österreich einreisen darf – und zwar aus Bayern. Mitten in der Europäischen Union.

Das ist nicht immer einfach, trotz Dienstausweis eines großen Klinikums und Passierschein.

Heute muss ich Schuhe kaufen. Daheim in Bayern sind die Geschäfte geschlossen. Wegen der hohen Inzidenzen. Hier auf der anderen Seite der Grenze sind sie geöffnet. Ich könnte mir hier die dringend nötigen Schuhe kaufen. Doch tue ich damit etwas Illegales? Ich muss sie nämlich mit nach Hause nehmen. Über die Grenze. Nach dem Kauf nochmal zurück zur Arbeit fahren und die Schuhe dort abliefern, geht sich zeitlich nicht aus. Der Kindergarten schließt 17 Uhr.

Darf ich diesen Einkauf über die Grenze mitnehmen? Ist es illegal? Ist es egal? Ich weiß es nicht. Ist das in den Gesetzen überhaupt berücksichtigt? Zum Einkaufen selbst darf der normale Bürger nämlich nicht die Grenze überqueren. Es ist ausschließlich für den Zweck der systemrelevanten Arbeit erlaubt. Die Schuhe online zu kaufen, geht nicht. Ich brauche die Schuhe morgen.

Im Einkaufszentrum suche ich zielgerichtet nach dem Geschäft meines Vertrauens.

Im Geschäft schleiche ich rum. Voll schlechtem Gewissen und mit der Ahnung, etwas nicht ganz Legales zu tun. Mit Maske im Gesicht. Wie auch sonst? Und gültigem PCR-Test in der Tasche.

Zielgerichtet suche ich in den Regalreihen nach einem Modell, das meinen Ansprüchen genügt. Sportlicher Halbschuh, keine Schnürung, flexible Sohle, unauffällige Farbe, meine Größe. Ich werde fündig, ohne Bedienung wegen der Infektionsgefahr.

Anprobieren. Sie passen. Zur Kassa. Dort steht eine junge Frau hinter einer aufgehängten Plexiglasscheibe. Und ich frage mich, wie oft sie in diesem Geschäft von Kunden angespuckt wurde.

Mir passiert das öfter. Also nicht direkt anspucken, aber ich kann manchen Patienten einfach keine Maske zumuten, wenn ihnen das Atmen eh schon schwerfällt. Dann atmen sie mir oft ins Gesicht. Und trotzdem trage ich nur Maske, keine Plexiglasscheibe.

Bargeld ist an der Kassa nicht erwünscht. Die Gefahr der Virusübertragung ist zu hoch.

Ich stehe vor dem Kofferraum meines Kleinwagens. Der hat keine Abdeckung. Die liegt in der Garage. Stört nur. Muss ich ständig ausbauen, wenn ich den Kinderwagen mitnehme. Jetzt könnte ich sie gut gebrauchen, denn so haben die Grenzpolizisten freie Sicht hinein. So ein Mist. Warum habe ich auch den Karton mitgenommen? Und warum hat meine Handtasche nur die Größe eines Schuhs und nicht einer Sporttasche? Ich sollte in Zukunft vorausschauender einkaufen.

Also nach vorn mit den Schuhen. Vielleicht unter den Sitz? Dort ist nicht ausreichend Platz. Ich hole sie aus dem Karton und reiße das Etikett ab. Dann erkennt man nicht sofort, dass sie neu sind. Sie passen immer noch nicht drunter.

Was ist das denn für eine Fehlkonstruktion! Die Autoentwickler haben offensichtlich nicht vorausschauend geplant.

Ich lege Personalausweis, Dienstausweis und Passierschein auf dem Beifahrersitz bereit. Die Schuhe stopfe ich soweit möglich von hinten unter den Beifahrersitz, werfe die Tasche wie zufällig darüber und schiebe den Sitz nach hinten. Aber nicht zu weit, damit es nicht ausschaut, als hätte ich etwas zu verbergen.

Den Karton entsorge ich im Mülleimer. Auf gehts. Nach Hause.

An der Grenze wieder mal Stau. An manchen Tagen kontrollieren sie nur meinen Ausweis, an manchen wollen sie Ausweis und Passierschein sehen, an manchen schauen sie genauer ins Auto. Einfach Durchwinken tun sie nie.

Ich beginne zu schwitzen, je näher ich dem Kontrollpunkt komme. Mit tiefen Atemzügen versuche ich, mich zu beruhigen. Schwierig. Lässig tun. Gelingt nur spärlich.

Wie illegal kann es schon sein, Arbeitsschuhe über die Grenze zu schmuggeln. Es war nicht mal ein Lust- oder Frustkauf. Es war ein Muss-Kauf.

Ich bin dran. Mit einem aufgesetzten Lächeln lasse ich die Scheibe runter. Heute mal etwas mehr. Der Beamte darf mit seinen unhygienisch behandschuhten Fingern meine Dokumente anfassen. Im Geschäft darf ich nicht mit Bargeld zahlen, aber die Grenzbeamten fassen jeden Ausweis, jedes Dokument an – und desinfizieren sich dazwischen nicht die Hände oder wechseln gar die Handschuhe. Heute darf der Beamte ausnahmsweise meine Papiere anfassen. Ich will nicht auffallen.

»Wo kommen wir her, und wo wollen wir hin?«

Soll ich ihn jetzt darauf hinweisen, dass *wir* nirgendwo herkommen, sondern nur *ich*? Besser nicht. *Unauffällig sein* lautet die Devise.

»Ähm, von der Arbeit und auf dem Weg nach Hause.« Hoffentlich merkt er das Zittern in meiner Stimme nicht.

Dann nimmt er sämtliche Dokumente in die Hand und inspiziert sie. Sein Blick schweift ins Wageninnere. Schweißtropfen bilden sich in meinem Nacken.

»Passt.« Damit gibt er meine Grenzpassage frei.

Ich stoße die angehaltene Luft aus, lächle befreit und drehe die Musik laut auf. Es läuft *Go West* von *Pet Shop Boys*. Wie passend.

Die deutsche Mauer ist auch irgendwann gefallen. Diese Grenze wird sicher auch wieder geöffnet werden. Irgendwann.

Zhelfa muaßt da wissen

Gustl Lex

Überall hams es a weng anders, man möchts net glaam, sogar beim Essen.

So essens in Frankreich gern de Weinbergschnecken, und Sie ham gwiß scho a mal Austern, Langusten oder an Hummer gessen oder in aam Chinarestaurant an Reis mit de Steckerl.

Sehngs, jetzt wissens, von was i red.

Und grad a so iss an Japaner ganga, der sich z Minga im Hofbräuhaus a Bier bstellt und auf des Buidl mit de Weißwürst in der Speiskarten deut. Pfeilgrad hatn da Kellner verstanden, und es dauert gar net lang, da kimmt der a scho mit aam großen Tablett.

Gschaaftig, gschickt und schnell schiabt er seim Gast de Maß, an Teller mit na Brezn, des Stoazeughaferl min Senf und a große dampfate Porzellanschüssel hi, aber koa Bsteck. Er wünscht an guaten Appetit, und scho is er drei Tisch weiter.

Interessiert schaut sich der Japaner de weiße Schüssel min Wasser und de zwoa kloane weißn Würst o und blinzelt (große konnst ja a für 14 Euro 90ge net verlanga).

Sei fragender Blick geht zu dem kloan grauen Haferl mit Deckel und zu dem Teller mit da Brezn.

Er glangt ins Wasser, hoaß, schnell ziagt er d Hand wieder zruck. Jetzt untersuacht er des kloane Haferl, tuat an Deckel oba und ziagt den Löffe außer. Er probiert, Hausmacher (Senf) siaß, mit scharfn Abgang. Er huast, zum Glück is da Maßkruag da, nach drei große Schluck kimmt de Erleuchtung.

Des ganze Haferl Senf schütt er ins Wasser zu de Würst, brockt sei Brezn ei und löffet de ganze Schüssel mit dem kloan Löfferl aus.

Mei is des rass, er kimmt ins Schwitzen, aber allwei wieder trinkt er dazwischen von seiner Maß. Grad wia er fertig is, kimmt da Kellner daher und entschuldigt sich, dass er s Bsteck vergessen hat.

Da Japaner versteht net, was er moant. Jetzt schaut da Kellner in de Schüssel und sehgt, dass de Schüssel ganz braun is, dass d Würst no drin legn, aber s Senfhaferl laar is. Mit Händ und Füaß klärt er sein Gast auf, wia ma Weißwürst isst und dass da Semft grad zum Würzen ghört.

Da is aber Nippons Sohn ganz anderer Meinung. Mit schlechtem Englisch und aam freundlichen Gsicht lasst er dem Kellner wissen, dass er zwar an längern Löffe braucht hät, aber dass des heut de beste Suppen von der ganzen Europa-Roas war.

Wia i scho gsagt hab, überall ham s es a weng anders. Zhelfa muaßt da wissen, dann gibt's überall an Ausweg.

Fristsache

Hans-Peter Kreuzer

Felix Boll macht es Verdruss,
wenn unter Zeitdruck er gerät,
wenn was erledigt werden muss
und dieses keinesfalls zu spät.

Derlei Sachen schiebt er auf.
„Morgen", denkt er, „wird es passen,
da bin ich sicher besser drauf,
für heute werde ich es lassen."

Am nächsten Tag das gleiche Spiel.
Boll würde gern beginnen,
Doch grade heut` ist ´s ihm zu viel.
Er lässt die Zeit verrinnen.

Schließlich ist es dann so weit.
Es steht der Fristablauf bevor,
doch Boll hat wieder keine Zeit.
Unerträglich schmerzt sein Ohr.

Der Ohrenschmerz, das sei gesagt,
ist im Grunde eine List.
Man ahnt, was Boll in Wahrheit plagt:
Die vermaledeite Frist.

Sie wird verlängert um zehn Tage.
Man weiß, wie schnell die Zeit vergeht.
Und bald stellt Boll sich neu die Frage,
wie er dem Fristablauf entgeht.

Das Schwert des Damokles vor Augen
kommt Boll die rettende Idee.
Als Ausflucht diesmal sollte taugen,
ein jäher Absturz des PC.

Wie erhofft wird ihm gewährt
eine nunmehr letzte Frist.
Doch die empfindet Boll vermehrt
als in jeder Hinsicht trist.

Er sieht sich in der Zeit gefangen,
spürt, wie sie langsam ihn erdrückt.
Befreiung würd` er gern erlangen.
Die Lage macht ihn schier verrückt.

Eine Stimme mahnt zur Eile,
doch Boll verharrt in seiner Starre.
Verloren hat er mittlerweile
sogar die Lust an der Zigarre.

Ein letztes Mal rafft er sich auf,
doch wieder bleibt die Sache liegen.
Das Schicksal nimmt nun seinen Lauf.
Unmöglich, weiteres Verschieben.

Doch da! Die zündende Idee!
Boll brennt sein Arbeitszimmer nieder.
Schon ist der Fristenkram passé.
Nun hat er seine Ruhe wieder.

Glücklich raucht er die Zigarre,
zufrieden, weil er sicher ist,
bald loszuwerden die „Kandarre".
Und ja: Verlängert wird die Frist.

Quadras

Wolfgang Rendl

Die Wölfe reißen keine Tierchen,
„Verleumdung!", trieft es in der Luft,
und dann nach weit´ren Dutzend Bierchen
erkennt man: Tierchen sind der Schuft.

Regieren sollen nicht Experten,
Parteisoldaten sind gefragt.
Zum Aufstieg ließen sie von Werten
und haben sie davongejagt.

„Die beste Leistung aller Zeiten!"
Die Zukunft kennt man offenbar!
Doch deren Lottozahlen nicht verbreiten,
ist Nahrung für der Zweifler Schar.

Was hatte man für große Pläne,
als man noch jung und voller Drang!
Vom Wind verweht wie Sägespäne,
doch säuselt´s nach ein Leben lang.

Das, was dir Kopfschmerz kann bereiten,
lässt sich doch wirklich leicht besiegen:
Du musst in solchen schweren Zeiten
nur unter einem Fallbeil liegen.

Mit Macht kann wüten tiefes Leid,
bringt viel Verstummen, laute Klagen,
doch ist dies nicht in Ewigkeit,
dort wo die Seligen jetzt tagen.

Der irdische Wahrheitscocktail

Georg Berghammer

Mit kometenhafter Geschwindigkeit sausen Beppi und Seppi durch das Weltall. In ihren kühnsten Träumen fliegen sie von ihrer selbstgebastelten Raumstation Bavarian Air vom heimischen Wohnzimmer hinaus in die unendlichen Weiten des Universums. Sonne, Mond und Sterne sind ihre ständigen Begleiter. Auf ihren abenteuerlichen Erkundungsflügen begegnen sie außerirdischen Wesen, die Beppi und Seppi schon aus ihren Comic Heftchen kennen. Aliens werden sie genannt, und die sind neugierig wie Menschen. „Wo kommt ihr her, wo wollt ihr hin?", werden die bayrischen Möchtegernstronauten von den Fremdlingen ausgefragt. „Wir kommen vom blauen Planeten und wollen schnellstmöglich wieder zurück zu unserer Mutter Erde, um endlich mal wieder bayrische Heimatluft einzuatmen", sagen beide übereinstimmend und voller Stolz. Captain Kirk und Commander Spock vom Raumschiff Enterprise wären bei dieser touristischen Werbung wohl vor Neid erblasst.

Aliane, die Notfallversorgerin im allumfassenden Raum, meinte mitfühlend und zugleich tief besorgt: „Habt ihr noch gar nicht mitgekriegt, dass eure geliebte Mutter Erde bereits auf der Intensivstation liegt; mit der niederschmetternden Diagnose ‚akute Vergiftungserscheinungen'?" Jetzt waren Beppi und Seppi zum ersten Mal baff. Ihr aufgestauter Wortschwall, den sie mit Begeisterung im gesamten Universum verbreiten wollten, ist ihnen wortwörtlich im Hals stecken-geblieben. Bevor die beiden Jungs in die lebensbedrohende Schnappatmung ver-fallen, bekommen sie eine universelle Infusion zur Beruhigung verabreicht, bevor ihnen nach der Wiederbelebung tröpfchenweise der unvermeidliche und bitter schmeckende Wahrheitscocktail eingeflößt wird. Das Oberhaupt der Alienfamilie sagt es den Erdenbewohnern sternenklar: „Die bittere Medizin ist notwendig, damit ihr Süßholz raspelnden Menschlinge nicht gleich wieder in Schockstarre verfallt."

„Ich will endlich nach Hause, nach der fünfundzwanzigsten Erdumrundung ist mir richtig schwindelig geworden", jammert Beppi, und Seppi pflichtete ihm als selbsternannter Copilot treu ergeben bei. „Wir werden jetzt gleich in die Erd-atmosphäre eintreten," freuen sich die jüngsten bajuwarischen Astronauten. „Passt ja auf, dass ihr in eurer aufgeheizten Atmosphäre nicht als aufgeplusterte Glühwürmchen endet", ruft ihnen der Mann im Mond zu. Und er schickt ihnen noch einen gut gemeinten Rat hinterher. „Menschenskinder!! Geht besser mit eurer Mutter Erde um. Ihr habt nur diesen einzigen und einzigartigen Planeten, in dem so wunderbares Leben gedeihen kann. So bezaubernde und herrliche Landschaften gibt es im gesamten Universum nicht." Diese Selbsterkenntnis bringt ihre strahlenden Kinderaugen zum Leuchten. „Diese gottgegebene Weisheit ist wohl der einzig richtige Weg aus all den menschgemachten Krisen." Beppi und Seppi meinen übereinstimmend: „Es gibt viel zu tun. Los!! Packen wir`s an."

Es gibt immer einen Weg

Horst Babinsky

Wir können es drehen und wenden, wie wir wollen; die Welt um uns herum hat uns von Anfang an geformt und weiterentwickelt. Wir wissen es, es ist die Evolution. Durch die Evolution wurden wir das, was wir sind. Die Evolution sorgt für ständige Weiterentwicklung, nicht nur für uns, sondern auch für unseren Planeten und das gesamte Universum. Das Beste, das Optimale, ist gerade gut genug für die Weiterentwicklung der Evolution. Wenn wir unsere Augen richtig öffnen, sehen wir das überall um uns herum.

Wir Menschen haben viele und fantastische Möglichkeiten, die Kräfte der Evolution für uns zu nutzen. Ein gut funktionierender Geist wurde uns gegeben. Wir sind beweglich, wir können gehen, wann und wohin wir wollen. Wir haben die Wahl, und wir können uns die Orte aussuchen, die uns am besten geeignet scheinen. Ein Baum in der Natur hat diese Wahl nicht. Seinen Platz am steilen trockenen Berghang kann er nicht verlassen, er kann die Sonne nicht suchen und auch nicht die Gesellschaft anderer – wir dagegen, wir können gehen, wohin wir wollen. Wir haben die freie Wahl, wir haben all diese unendlichen Möglichkeiten – wir können wirklich fast alles, wir können daher erfolgreich sein in unserem Tun. Wenn wir wollen.

Die Evolution will grundsätzlich, dass wir bestehen, und nicht nur wir, sondern dass alles Leben auf Erden erfolgreich verläuft. In der Natur ist überall ständige Weiterentwicklung und Verbesserung, wir finden anhaltende Anpassung an Gegebenheiten und an Veränderung. Wir sehen auch überall das Streben nach Aufmerksamkeit, nach Beachtung. Hier die wunderbare Blume, die von den Bienen gefunden wird, dort Tiere auf Partnersuche und da wir Menschen auf der Suche nach Erfolg und Glück.

Wir Menschen sind mit dem Willen zum Erfolg geboren, wir sind erfolgreich. Wir wissen oft gar nicht, was wir als Erfolg bezeichnen. Es wird auch oft das Gegenteil unserer Erwartung eintreffen. Ein Mensch mit trüben, negativen Gedanken, mit einer pessimistischen Einstellung, wird konsequent von seinem Inneren geleitet, jagt seinem Erfolg nach. Noch weiß er nicht, wie dieser aussehen kann und wird. Für ihn wird der Übereifer seines „negativen" Strebens zu einem unerwarteten negativen Erfolg, es zieht ihn hin zur eigenen Selbstvernichtung. Er, der Mensch, ist immer erfolgreich, auch in seinem negativen Denken. Seine innere Kraft, sein Geist, treibt ihn immer wieder an, er wird seinem eigenen Geist unterliegen, er wird dieses, sein zerstörerisches Ziel erreichen. Das ist die Macht der Evolution, die Macht des eigenen Geistes, die wir achten und erkennen sollten.

Die andere Seite ist der Wille zu einem positiven Erfolg. Mit intensiver Arbeit an sich selbst können wir unseren Geist immer wieder mit positiven Entscheidungen weiterbilden. Sobald die erste Entscheidung in eine positive Richtung gefallen ist und diese mit Erfolg gekrönt wurde, folgen darauf automatisch weitere. Diese Entscheidungen für erfolgversprechendes Denken werden nach und nach immer leichter fallen. Als positiv denkender Mensch werden wir uns an dieses Denken gewöhnen, es uns antrainieren, wir werden richtig abwägen und dann naturgemäß richtig entscheiden. Unser Unterbewusstsein wird mehr und mehr ohne unser Zutun handeln, es folgt unserem Wissen aus den bisher getroffenen Entscheidungen. Waren unsere bisherigen Entscheidungen positiv, werden wir weiter automatisch in dieser Richtung entscheiden. Im ersten Moment klingt das sehr einfach, vielleicht auch verwirrend, es ist aber tatsächlich so. Die Geschwindigkeit unseres Lernens ist davon abhängig, wie fest und stark der eigene Wille gegenüber dem in uns herrschenden, dominanten Geist geschult und geprägt ist. Damit ist ganz klar:

Jeder Mensch ist erfolgreich, die Richtung in die positive oder negative Richtung kann er immer selbst bestimmen – wenn er dazu den festen Willen und gelernt hat, wie er das erreichen kann.

Vereinfacht heißt das: Das Beschäftigen mit negativen Informationen und Gedanken um uns oder in uns bestimmt unser Denken und geht damit unweigerlich in die Richtung, die Selbstzerstörung werden könnte – wir werden dann nicht mehr so sein, wie wir wirklich sein könnten.

Doch heute wissen wir: Wir können selbstbewusst, fröhlich, ausgeglichen sein und ein Leben in Harmonie führen, wenn wir wollen und achtsam durch unser Leben gehen. Unser Weg zu Harmonie und Glück hat mit optimistischen, freien, aufstrebenden und angenehmen Gedanken zu tun. Mit innerem Willen und mit einer festen Einstellung können wir verantwortungsvoll mit uns selbst umgehen. Wir können und werden uns den Weg in eine harmonische und glückliche Zukunft selbst ebnen. Wir haben es selbst in der Hand.

Es gibt immer einen Weg.

Autorinnen und Autoren: Kurzporträts

Karl-Heinz Austermayer lebt seit 1982 in Grabenstätt/Chiemsee und schreibt Mundartgedichte „ganz oafach über's Leb'n" mit denen er seine Leser – manchmal schmunzelnd, manchmal nachdenklich – zum Ausspruch „ja, genau so is'" anregen will.

Horst Babinsky, geboren in Aussig, aufgewachsen in Traunstein, lebt in Grabenstätt. Ein sehr bewegtes Leben mit vielen Höhen und auch Tiefen veranlasst ihn zum Schreiben. Zwei Bücher. Momentan arbeitet er an seinem Buch „Alles Wissen ist in Dir" – ein Leitfaden für ein erfülltes Leben.

Mona Ingrid Babinsky ist gebürtige Traunsteinerin und studiert seit 2022 Ägyptologie und Kunstgeschichte in München. Sie schreibt hauptsächlich zum Sammeln ihrer Gedanken und verfasst damit weitgehend philosophische Texte.

Petra Babinsky, geboren 1970 in Grabenstätt, schreibt vor allem Reiseberichte. Gerade die Begegnung mit Menschen bringt sie zum Nachdenken und animiert sie ihre Gedanken aufzuschreiben.

Mira Beller (Stefanie Streibl), geboren in Eggenfelden, lebt am Tachinger See. Ihr Roman „Unartig" beschreibt ein psychologisches und tiefgreifendes Thema, das mit einem spannenden Katz-und-Maus-Spiel verwoben ist. Ein weiterer Roman ist in Arbeit. Außerdem ist sie Werbetexterin.

Georg Berghammer, Jahrgang 1953, aufgewachsen in der Nähe vom idyllisch gelegenen Hofstätter See, kam über das Liedtexten zum Schreiben von Kurzgeschichten und Mundartgedichten. Seit nunmehr bald schon zwei Jahren ist er Mitglied bei den Chiemgau-Autoren e.V.

Gudrun Bielenski, geboren in Ansbach, aufgewachsen in Franken, lebt seit 24 Jahren im Chiemgau. Sie schreibt Kurzgeschichten, Theaterstücke und Romane für Kinder und Jugendliche. Sie handeln von Freundschaft, Mut, Vertrauen und dem bewussten Umgang mit unserer Umwelt.

Regina Ettwein, geboren in Laufen, lebte lange Jahre in München und nun wieder im Heimatlandkreis, in Freilassing. Neben Gedichten zu Natur, Politik und Gefühlen schreibt sie vor allem autobiographische Reisebücher mit eigenen Fotos und einen Blog.

Janina Fellgiebel, geboren 2001, aufgewachsen rund um den Chiemsee, schreibt seit Schulzeiten in jeder freien Minute. Angefangen mit Gedichten, ging es über Kurzgeschichten hin zu Kurzprosa und längeren Werken, sowohl in deutscher als auch in englischer Sprache.

Robert Xaver Gapp, der „Bergener Gschichtlschreiber", ist ein weit über den Chiemgau hinaus bekannter Mundartautor. Seine Texte schreibt er konsequent und stimmig in der Bergener/Chiemgauer Mundart. Einige seiner Geschichten hat er auch auf Audio-CDs veröffentlicht.

Uta Grabmüller, geboren im Schwäbischen und dann weitergereist ins Hessische, Englische, Russische, Berlinische, Oberbayerische und mehr. Überall dazugelernt und manches davon in 26 Buchstaben festgehalten. Sie schreibt Lyrik, Prosa und Sachbücher. Immer neugierig.

Jo Holzhauser, Pseudonym für Arnold Großegesse, ist 1956 in Bad Aibling geboren, lebt seit 1982 vom Schreiben und seit 1990 im Chiemgau. Derzeit fließt seine Tinte hauptsächlich in konkrete Lyrik, moderne Balladen und surreale Kurzgeschichten.

Michael Inneberger, geboren 1968 in Bad Reichenhall, schreibt seit 1991 im Chiemgau. Kurzgeschichten sind seine Leidenschaft. Zwei Geschichten wurden in den USA übersetzt. Einige Gedichte sind zuletzt entstanden. 2008 gründete er mit einem Stammtisch die Chiemgau-Autoren.

Katalin Jesch, geboren und aufgewachsen in Ungarn, lebt seit 1989 in Oberndorf bei Salzburg. In all ihren vier Lyrikbänden setzt sie sich auseinander mit Zeitfragen wie Krieg oder Alltag in einer Krise, aber auch damit, wie wir die Liebe und die Sprache wahrnehmen.

Irmelind Klüglein, geboren und aufgewachsen in Nürnberg, lebt seit 40 Jahren im Chiemgau, erfindet als Märchenerzählerin eigene Märchen, vor allem über geschützte Pflanzen. Schrieb ein Buch: Geheimwelten im Schatten der Gier. Liebt auch Gedichtform.

Hans-Peter Kreuzer ist Autor und Verleger in Personalunion. Abwechselnd im heimatlichen Chiemgau und im südlichen Trentino schreibt der Jurist an Romanen, Kurzgeschichten und Gedichten. Er liebt die oberbayrische Mundart, mit der er in München aufgewachsen ist.

Armena Kühne-Enzinger, geboren in Baden bei Wien, aufgewachsen in Bayern, zuhause in Anger, schreibt vorwiegend Kurzgeschichten. Das Genre sind heitere, ernsthafte und sozialkritische Erzählungen.

Gustl Lex, Jahrgang 1954, lebt in seinem Elternhaus in Grabenstätt. Nach seinen zwei Mundart-Lyrikbänden schreibt er heute meist Kurzgeschichten in seiner Muttersprache. Zahlreiche historische Wortbeiträge machten ihn weit über seine Heimat hinaus bekannt.

Marion Liedtke, geboren in Bad Segeberg, aufgewachsen in Lübeck, erwachsen geworden in München und mittlerweile verwachsen in Prien am Chiemsee, lässt sich für ihre Texte am liebsten von den Bergen und am Wasser inspirieren.

MaxSy Multerer (Sylke Multerer) lebt am Alpenrand und ist von einer grandiosen Bergwelt umgeben, die sie mit Leidenschaft erwandert. Im Winter tauscht sie die Wanderschuhe gegen diverse Arten von Ski. Mit dem Schreiben von Geschichten perfektioniert sie ihr Glück.

Sepp Obermüller, geboren 1946 in Prien, wo er auch noch heute lebt. Seine Interessen sind breit gefächert, und so schreibt er Gedichte über Politik, Umwelt, Philosophie und Gesellschaft, doch auch der Humor kommt nicht zu kurz.

Dagny Reichert, geboren in Marburg, lebt seit über 20 Jahren im Chiemgau. Ihre fürs Schultheater geschriebenen Jugendstücke zu sozialen Themen sind viel gespielt. Aber auch in ihren Kurzgeschichten wird ein gesellschaftspolitischer Ansatz zum Markenzeichen.

Tania Reinmutt (Martin Trautwein), geboren und aufgewachsen an Hochrhein und Bodensee, mittlerweile an Ache und Chiemsee verwurzelt, mag eher die große epische Form. Wenn es ihn packt, schreibt er auch mal alias Tania Reinmutt das ein oder andere Gedicht.

Wolfgang Rendl, 1966 im prosaischen Ludwigshafen geboren, seit der Schulzeit starkes Bedürfnis nach Poetischem. Vielleicht ein zu aufmerksamer Beobachter, doch gerne Satire als mildernden Umstand wählend. Dem Fernweh sich fügend, dienen Reisen oft als Impuls.

Ingeborg Schmid, Volkskundlerin, Romanistin, Berg- und Talmensch. In Tirol, Ruhpolding und überall daheim, wo's fein ist. Schreibt in Ötztaler Mundart und Standardsprache, wissenschaftlich und populär, Lyrik und Kurzprosa – und alles, was das Leben verdichtet.

Reinhold Schneider, ursprünglich Altöttinger, dann vier Jahrzehnte Berliner, Frankfurter, Münchner, seit zehn Jahren auch noch Priener, liebt es, Erlebtes in schriftliche Form zu bringen, mal lyrisch, mal prosaisch, aber immer humorig.

Michael Schorr, geboren 1943, aufgewachsen im Chiemgau, Arbeitsleben im Rupertigau verbracht, jetzt im Ruhestand in Südtirol. Schreibt vorwiegend kurze, satirische Texte in bairischer Mundart zum hoffnungsfreien Umgang mit drohenden Katastrophen.

Johann Stephl lebt seit kurzem wieder in Traunstein, wo er geboren und aufgewachsen ist. Er schreibt Kurzgeschichten, in denen er sich mit Fantasie und Sciencefiction beschäftigt, aktuell vor allem mit Evolution und KI.

Anni Stiegler schildert in ihren Kurzgeschichten bedeutsame Augenblicke im sozialen Miteinander. Nach dem unveröffentlichten Roman unter dem Titel „Rückwärts ist auch ein Weg" ist ein weiterer Roman „Töchter dürfen keine Geheimnisse haben" in Arbeit.

Elisabeth Thielemann, geboren in Altenmarkt/Alz, Kindheit in St.Georgen/Traun, ging mit 18 nach München. Aus ihren Büchern und Mundarttexten sprechen

Geschichtsinteresse, Liebe zu Heimat und Menschen sowie ihr Bemühen um Heimatpflege und den Erhalt der bayerischen Sprache.

Sybille Trapp, aufgewachsen in Traunstein, wohnt in München. Fünfzehn Jahre lebte sie in Italien und Norwegen. Eine wichtige Inspirationsquelle für ihre Gedichte und Kurzgeschichten sind Erlebnisse in diesen Ländern, die sie abseits der Touristenpfade kennenlernte.

Peter Witt, geboren 1951, aufgewachsen im Chiemgau, lebt in Obing. Erst im Ruhestand hat er zu schreiben begonnen. Aktuelle Erlebnisse und die Auseinandersetzung mit Neuerer deutscher Literatur liefern ihm die Themen für seine Kurzgeschichten.

Register der Autorinnen und Autoren

Danksagung

Liebe Leserin, lieber Leser,

die Mitglieder des Vereins „Chiemgau-Autoren e. V." schreiben jährlich gemeinsam Texte. Mit Gedichten und kurzen Prosastücken befassen wir uns immer wieder mit einem neuen Thema. Hier liegt nun der sechste Band vor. Bisher sind erschienen:
- Band 1 „Trotz.Kollaps.Schreiben." 2018
- Band 2 „Das Salz in der Suppe – sind wir!" 2019
- Band 3 „Lesen für den Frieden" 2020
- Band 4 „Zwischenräume" 2021
- Band 5 „Chiemgau – abseits vom Weg"
- Band 6 „ausweg?los!"

Um Texte zu veröffentlichen, braucht es kompetente und zuverlässige Personen, die sich um die Organisation des Schreibprojekts kümmern, die Texte sauber für den Druck vorbereiten, Termine beachten und die ganze Sache im Auge behalten. Wir schaffen das alles aus eigenen Kräften und ehrenamtlich!

Als Vorsitzende des Vereins möchte ich im Namen der Vorstandschaft allen Beteiligten herzlichen Dank sagen, insbesondere

allen Autorinnen und Autoren, die ihre Texte speziell für diese
Veröffentlichung geschrieben und zur Verfügung gestellt haben,

dem „Kernteam" mit Reinhold Schneider (Leitung), Sybille Trapp und Martin
Trautwein: Sie kümmerten sich um alle praktischen Schritte bis hin zur
Veröffentlichung: Der Dank gilt namentlich

Sybille Trapp für die redaktionelle Betreuung, die Strukturierung der Texte
sowie für die konzeptionelle Begleitung des Projekts über all seine Phasen
hinweg und

Reinhold Schneider für die Erstellung des Layouts von Buch und Cover,
sowie für alle erforderlichen Arbeiten bis zur Lieferung der gedruckten
Exemplare.

Nur mit Engagement und Liebe zur Literatur gelingt unser Beitrag zum
Kulturleben in der Region – dafür steht der Verein „Chiemgau-Autoren" mit
seinen 83 Mitgliedern. Darunter sehr viele Frauen!

Ein Blick voraus: Im Jahr 2024 beteiligen wir uns wieder aktiv bei den „Chiemgauer Kulturtagen", die sich dem Thema „SALZ REICH" widmen. Auch hier schreiben wir wieder Kulturgeschichte mit – unsere Anthologie 2024 soll den Titel tragen: „Salzige Spurensuche". Und in einem neuen Theaterstück stellen wir die Frage: „Wer war Georg von Reichenbach? Oder: Zur Not machen wir halt Himbeereis."

Lesen Sie mit Freude die Texte und bleiben Sie neugierig.

Uta Grabmüller, 1. Vorsitzende